中华文化风采录

华美的瓷器

【昔日瑰宝工艺】

北方妇女儿童出版社

·长春·

图书在版编目(CIP)数据

华美的瓷器 / 杨宏伟编著. —长春：北方妇女
儿童出版社，2017.5（2022.8重印）
（昔日瑰宝工艺）
ISBN 978-7-5585-1042-7

Ⅰ．①华… Ⅱ．①杨… Ⅲ．①瓷器(考古)－介绍
－中国 Ⅳ．①K876.3

中国版本图书馆CIP数据核字(2017)第103438号

华美的瓷器

HUAMEI DE CIQI

出 版 人　师晓晖
责任编辑　吴　桐
开　　本　700mm×1000mm　1/16
印　　张　6
字　　数　85千字
版　　次　2017年5月第1版
印　　次　2022年8月第3次印刷
印　　刷　永清县晔盛亚胶印有限公司
出　　版　北方妇女儿童出版社
发　　行　北方妇女儿童出版社
地　　址　长春市福祉大路5788号
电　　话　总编办：0431-81629600

定　　价　36.00元

习近平总书记说："提高国家文化软实力，要努力展示中华文化独特魅力。在5000多年文明发展进程中，中华民族创造了博大精深的灿烂文化，要使中华民族最基本的文化基因与当代文化相适应、与现代社会相协调，以人们喜闻乐见、具有广泛参与性的方式推广开来，把跨越时空、超越国度、富有永恒魅力、具有当代价值的文化精神弘扬起来，把继承传统优秀文化又弘扬时代精神、立足本国又面向世界的当代中国文化创新成果传播出去。"

为此，党和政府十分重视优秀的先进的文化建设，特别是随着经济的腾飞，提出了中华文化伟大复兴的号召。当然，要实现中华文化伟大复兴，首先要站在传统文化前沿，薪火相传，一脉相承，弘扬和发展5000多年来优秀的、光明的、先进的、科学的、文明的和自豪的文化，融合古今中外一切文化精华，构建具有中国特色的现代民族文化，向世界和未来展示中华民族具有独特魅力的文化风采。

中华文化就是中华民族及其祖先所创造的、为中华民族世世代代所继承发展的、具有鲜明民族特色而内涵博大精深的优良传统文化，历史十分悠久，流传非常广泛，在世界上拥有巨大的影响力，是世界上唯一绵延不绝而从没中断的古老文化，并始终充满了生机与活力。

浩浩历史长河，熊熊文明薪火，中华文化源远流长，滚滚黄河、滔滔长江是最直接的源头，这两大文化浪涛经过千百年冲刷洗礼和不断交流、融合以及沉淀，最终形成了求同存异、兼收并蓄的辉煌灿烂的中华文明。

中华文化曾是东方文化的摇篮，也是推动整个世界始终发展的动力。早在500年前，中华文化催生了欧洲文艺复兴运动和地理大发现。在200年前，中华文化推动了欧洲启蒙运动和现代思想。中国四大发明先后传到西方，对于促进西方工业社会形成和发展曾起到了重要作用。中国文化最具博大性和包容性，所以世界各国都已经掀起中国文化热。

中华文化的力量，已经深深熔铸到我们的生命力、创造力和凝聚力中，是我们民族的基因。中华民族的精神，也已深深根植于绵延数千年的优秀文化传统之中，是我们的精神家园。但是，当我们为中华文化而自豪时，也要正视其在近代衰微的历史。相对于5000年的灿烂文化来说，这仅仅是短暂的低潮，是喷薄前的力量积聚。

中国文化博大精深，是中华各族人民5000多年来创造、传承下来的物质文明和精神文明的总和，其内容包罗万象，浩若星汉，具有很强的文化纵深感，蕴含丰富的宝藏。传承和弘扬优秀民族文化传统，保护民族文化遗产，已经受到社会各界重视。这不但对中华民族复兴大业具有深远意义，而且对人类文化多样性保护也有重要贡献。

特别是我国经过伟大的改革开放，已经开始崛起与复兴。但文化是立国之根，大国崛起最终体现在文化的繁荣发展上。特别是当今我国走大国和平崛起之路的过程，必然也是我国文化实现伟大复兴的过程。随着中国文化的软实力增强，能够有力加快我们融入世界的步伐，推动我们为人类进步做出更大贡献。

为此，在有关部门和专家指导下，我们搜集、整理了大量古今资料和最新研究成果，特别编撰了本套图书。主要包括传统建筑艺术、千秋圣殿奇观、历来古景风采、古老历史遗产、昔日瑰宝工艺、绝美自然风景、丰富民俗文化、美好生活品质、国粹书画魅力、浩瀚经典宝库等，充分显示了中华民族厚重的文化底蕴和强大的民族凝聚力，具有极强的系统性、广博性和规模性。

本套图书全景展现，包罗万象；故事讲述，语言通俗；图文并茂，形象直观；古风古雅，格调温馨，具有很强的可读性、欣赏性和知识性，能够让广大读者全面触摸和感受中国文化的内涵与魅力，增强民族自尊心和文化自豪感，并能很好地继承和弘扬中国文化，创造未来中国特色的先进民族文化，引领中华民族走向伟大复兴，在未来世界的舞台上，在中华复兴的绚丽之梦里，展现出龙飞凤舞的独特魅力。

瓷之源起——商周原始瓷器

瓷成精品——秦汉时期瓷器

瓷韵玉质——隋唐时期瓷器

瓷国气象——宋元明清瓷器

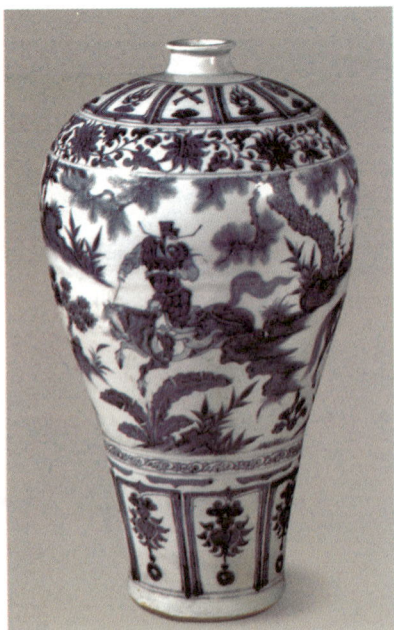

商周原始瓷器

瓷器是我国古代的一项伟大发明，在漫长的历史岁月中，勤劳智慧的我国先民们点土成金，写下光辉灿烂的篇章，为人类文明做出了巨大的贡献。

从我国陶瓷发展史来看，一般是把"陶瓷"这个名词一分为二，为陶和瓷两大类。相对来说，经过高温烧成、胎体烧结程度较为致密、釉色品质优良的黏土或瓷石制品才被称为"瓷器"。

我国瓷器的发明和发展，有着从低级到高级，从原始到成熟逐步发展的过程。早在商代，我国即出现了原始青瓷。

从彩陶到商代的原始瓷器

从传说中的黄帝尧舜开始至夏朝，是以彩陶来标志其发展的。尧传天下于舜，舜传天下于夏禹，禹则传给其子，便开始了所谓的"家天下"。

夏王朝可以说是我国历史上的第一个朝代，加之后来的商朝、西周和东周，被统称为"夏商周时期"，其间经历了近2000年的时间。

夏代彩陶鸟首盖罐

我国瓷器产生于何时，一直众说纷纭。但在夏代及之前的遗址及墓葬中，从未发现过有瓷器特征的物品，只有一些以粗砂灰陶为特征的陶器。

我国原始陶器开始于距今7000年左右。最早的彩陶发源

■ 仰韶彩陶

地在黄河流域，尤其以陕西的泾河、渭河以及甘肃东部比较集中。甘肃东部大地湾一期文化，不仅在器形上比较规整，而且绘有简单的纹饰，是世界上最早出现的彩陶文化之一。

仰韶文化距今约7000年，是我国新石器时代彩陶最丰盛繁华的时期。它位于黄河中游地区，以黄土高原为中心，遍及河南、山西、陕西、甘肃、河北、宁夏等地。

仰韶文化的制陶工艺相当成熟，器物规整精美，多为细泥红陶和夹砂红陶，灰陶与黑陶较为少见。其装饰以彩绘为主，于器物上绘精美彩色花纹，反映当时人们生活的部分内容及艺术创作的聪明才智。

陕西省西安半坡遗址在河流的岸边，因而半坡的彩陶有汲水尖底瓶、葫芦、长颈瓶，另外还有盆类、罐类。

陕西省临潼县姜寨发现的仰韶文化时期彩陶瓶，高54厘米、口径6.5厘米，此瓶为细砂红陶，是当时的汲水工具，小口、尖底、深腹、腹侧有两耳，可系

黄帝 为中华人文初祖，我国远古时期部落联盟首领。本姓公孙，长居姬水，因改姓姬，居轩辕之丘，故号轩辕氏。出生、建都于有熊，故亦称有熊氏，因有土德之瑞，故号黄帝。他以统一中华民族的伟绩载入史册。黄帝居五帝之首。

人面鱼纹彩陶盆

绳。当瓶空时，重心靠上；汲水时，瓶倒置水中，水便注入瓶内，使重心下移，瓶自动竖起，使用方便。

这是仰韶文化遗存中特有的产品，设计美观，实用性很强，体现了当时仰韶人的智慧。

半坡彩陶早期纹饰，多为散点式构图。也就是说，在一件器型上，装饰往往只占据器面的一小部分，纹样一般是自然形态的再现。

半坡纹饰的形象可爱，表现了人类童年的天真稚气和与自然的亲切关系。仔细体味，有人与自然融为一体的感觉，可以说是半坡人原始生活的记录。

在陕西、河南、山西三省交界地区为中心的庙底沟文化，彩陶花纹则更加富于变化，以弧线和动感强烈的斜线体现变形的动物形象。日常生活中所常见的鱼、鸟、猪以及人类自身都被作为装饰纹样。这些纹饰的描绘手法都很生动，布局合理，是原始绘画的佳作，也是研究我国绘画史的可靠形象资料。

距今约4000年的马家窑文化，是由半坡文化派生发展的古羌集团的一个分支。与之相关的另外两个支系是半山文化和马厂文化，是龙山文化之后又一个辉煌时期。

马家窑文化类型的陶器，表面都经过打磨处理，器表光滑匀称，以黑色单彩加以装饰。

夏代有一部分陶器与很多玉器、青铜器一样，承载着礼仪的功能。其纹饰一方面赋予了陶器外在形式的瑰丽，另一方面又承载着特定的文化意味和精神特质，成为夏代先民宗教崇拜和统治权力的象征，这突出地表现为陶器上的动物纹饰。

夏都二里头遗址的一陶片上还出现了刻画的龙纹，一头双身，头朝下，眼珠硕大外凸，在线刻龙纹的线条内涂有朱砂，眼眶内被染成翠绿色。

这件刻龙涂朱的陶器，应为祭祀的神物，而非现实的日常生活用具。

夏代一透底器的外壁也塑以盘龙形象，龙身刻画菱形纹，底部为雷纹。

夏代陶器中龙纹装饰的大量出现充分证实了《列子》所言夏后氏"人面蛇身"、帝孔甲"御龙以登天"的神话传说，以及夏人常以龙为化身和以龙为族徽的社会习俗。

夏代陶器在烧成工艺上有些进步，出现了能产生更高温度的馒头窑：窑室呈圆形弧壁，并向上逐渐收敛，封顶隆起形似馒头，故名。馒头窑可以提高陶器的烧成温度，因此，陶器的质量也得以提高。

夏代出现的刻纹白陶和薄壳白陶，由于它们原料质量的处理很不精细，胎和釉结合不牢，容易剥落，而温度控制和火候掌握

龙 我国古代传说中的一种神异动物，具有9种动物合而为一之"九不像"的形象，为兼备各种动物之所长的异类。其能显能隐，能细能巨，能短能长。春分登天，秋分潜渊，呼风唤雨。封建时代，龙是帝王的象征，也用来指至高的权力和帝王的东西。青龙与白虎、朱雀、玄武一起并称"四神兽"。

■ 马家窑文化圆圈纹彩陶壶

商代青瓷尊

还不够熟练，因此只能视为原始瓷器的雏形。

夏传至桀，治理不善，商汤自立为帝，所以说以征讨得天下者，自汤开始。

商代陶器在烧成工艺上有很大提高，馒头窑成为主要的窑型。在江南地区新出现一种比馒头窑更为先进的陶窑，称为龙窑，比如在浙江上虞、江西吴城均发现了商代龙窑。这种窑一般依山势建在山坡上，窑身呈长条形倾斜砌筑，外观上形似一条龙从下而上，故名龙窑。

龙窑比起横穴窑、竖穴窑、馒头窑来，有多种优点，因依山而建呈倾斜向上状窑炉本身就有自然抽力，窑炉火势大，通风力强，升温快；可根据生产需要和技术条件，增加窑的长度，从而提高窑的装烧量，还比较容易维持窑内的窑炉气氛，这就使商代陶器有很大发展。

阅读链接

在我国，一般是把陶瓷分为陶和瓷两大类。通常把胎体没有致密烧结的黏土和瓷石制品，不论其是有色还是白色，统称为陶器。

其中把烧造温度较高，烧结程度较好的那一部分称为"硬陶"，把施釉的一种称为"釉陶"。

相对来说，经过高温烧成、胎体烧结程度较为致密、釉色品质优良的黏土或瓷石制品称为"瓷器"。

西周原始瓷器逐渐兴起

商朝总共统治600余年，一直到纣王被周武王征灭，天下归于周。在这数百年间，除日用餐饮器皿之外，祭祀礼仪所用之物也大为发展。

西周原始瓷的胎釉特征基本和商代相同，但质量较商代有所提高，胎质普遍细腻，基本不吸水，釉层一般比较薄，常见施釉方法有浸釉和刷釉，浸釉较之于刷釉，其胎釉结合较好。这一时期原始瓷和商代的不同主要是在造型和纹饰方面。

西周时期，烧造陶器的窑炉主要还是馒头窑，龙窑的使用还是相当少。但西周时原始青瓷的制作工艺有所提高，生产的范围也更加广阔。江南地区

■ 西周原始瓷盘口尊

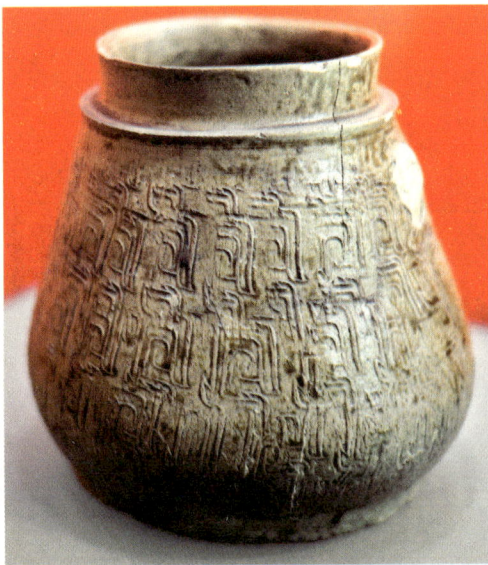

■ 西周原始瓷卣

华美的瓷器

罍 古代的大型盛酒器和礼器。其流行于商晚期至春秋中期。体量略小于彝，罍有方形和圆形两种，方形罍出现于商代晚期，而圆形罍在商代和周代初期都有。从商到周，罍的形式逐渐由瘦高转为矮粗，繁缛的图案渐少，变得素雅。

原始青瓷的发现量及器形比北方黄河流域多且丰富。

西周时，釉已成为瓷器的必要组成部分，不仅起隔水、利于清洁的作用，而且有装饰器物使之美观的功能。

釉是一种玻璃体，由于其所含的金属作用，在施用于瓷器上时，会产生各种颜色。原始青瓷上的釉都呈青色的，这是由于釉中含有适量氧化铁所致。

西周时期瓷器器体的制作较商代讲究外观的规整，瓷器釉面普遍具有一定的光泽。器体装饰仍采用原体刻画、拍印纹饰为主的"素体"装饰技法，器物纹饰除大多延续商代的装饰纹饰外，曲折纹、划刻斜方格纹也开始大量流行。

西周时期瓷器的器形除继续流行尊、钵、盘等器型外，还出现了几种新器型，如盂、瓮等，此时尤以罐、罍的制作最为著名，此类器形在我国河南省和北京西周初期大型墓葬中均有发现。

其中尤以河南省洛阳出土的一件双系双耳罐为此期瓷器的代表作。此器敞口低领、折肩深腹、小圈足、其肩部塑起对称双系和泥条盘塑的双耳，器外通体施一层透明的青绿色玻璃釉，但施釉不均，器面布有斑痕。

器物装饰较有特色，除以刻画7道旋纹和3层联体"人"字形纹环绕其肩外，其余部分不施加任何纹饰，通体给人以庄重之感。

河南省洛阳还发现有西周原始瓷青釉划花双系罐，高13.1厘米，口径8.4厘米，底径8.3厘米。罐敛口，折腹，束腰，圈足。肩两侧各置一横系。肩部刻画水波纹及弦纹。罐身施青釉。

此罐的造型如同鱼篓，小口，大腹，以增其容量。这是西周早期原始青瓷器的造型特征。

北京市西周初期墓葬中发现有原始瓷弦纹双耳罐。盘口，直颈，圆鼓腹，平底。肩部饰扁状树叶形竖系两个，器壁满饰弦纹。釉青色。造型规整大气，纹饰简单明晰。

安徽在商周时期是淮夷聚居地，当地发现了一件原始瓷壶，高14厘米，口径6厘米，重0.6千克，表面呈淡黄色，釉色不十分均匀光洁，以凸起的直棱为饰。这件瓷壶的出土，表明了当地在西周时期出现了原始制瓷工艺。

西周原始瓷器的胎色仍以灰白色为多。釉色主要是青绿色和豆绿色，并有少量黄绿色与灰青色。

河南省洛阳林校西周车马坑中发现一件西周瓷瓮，口径31厘米，腹径54厘米，高42厘米，它

釉 是覆盖在陶瓷制品表面的无色或有色的玻璃质薄层。是用矿物原料和化工原料按一定比例经过研磨制成釉浆，施于坯体表面，经一定温度煅烧而成。能增加制品的机械强度、热稳定性和电介强度，还有美化器物、便于拭洗、不易被尘土腥秽侵蚀等特点。

■ 折纹双耳罐

西周印纹陶罐

敛口、折沿、溜肩、扁圆鼓腹、小平底。通体施青釉，釉层不均匀，多处有流釉现象，显得有些粗糙。

有一件腰比水桶还粗的瓷瓮，其烧结度、胎质釉色、渗水性已基本达到瓷器标准，是我国发现的最大的原始瓷器。

瓮内壁发现8周泥条盘筑的痕迹，每周宽约5厘米，说明这件瓷器是通过泥条盘筑的方法制作的，即先将拌好的泥搓成长条，并保持泥条粗细均匀。

然后，把泥条连接在一块事先做好的器底泥片上，并用手指在里面把它压紧，根据造型再一层一层地将泥条堆积起来盘高，将胚体里面抹平，以使泥条之间连接更紧；最后，泥条盘到一定高度后收口。

如果想以泥条盘筑法一次完成一件大作品或一件很复杂的作品，是较困难的。因为要有一定强度才能继续盘高，而且连接部位要保持一定的湿度，才能保持胚体之间的黏结性。

在盘筑过程中，还要把握好泥的干湿度，注意掌握好造型的轮廓线。以泥条盘筑法创作的作品特点是古朴、流畅，富于变化。

西周时期原始瓷器器表的花纹装饰也日趋简单，除素面外，其釉下纹饰为几何形图案，有方格纹、篮纹、云雷纹、席纹、叶脉纹、齿状纹、划纹、弦纹、S形纹、乳钉纹、圆圈纹和曲折纹等。

拍印的图案纹饰在西周原始瓷器上已很少施用。纹饰仍以纹理较粗的绳纹为主，另有一些划线纹、篦纹、弦纹、刻画三角纹等，这时附加堆纹已很少使用。

在造型上，以袋状足、圈足、平底为主要特征。比如一件西周青釉锯齿纹四系罐，高27厘米，直斜短颈，丰肩，腰部至脚处渐斜收，圈足，全身施青釉，厚薄不匀明显。还有一件西周青釉大口尊，高12.3厘米，口径18.7厘米，足径12.5厘米，简朴而实用。

西周晚期的原始瓷器多为豆、尊、罐、壶等生活用具。在北京市琉璃河，河南省洛阳市、襄县，陕西省长安县、扶风县、宝鸡市，江苏省丹徒县、句容县、金坛县、溧水县，浙江省义乌县、德清县、衢州市，安徽省屯溪市等地，都曾发现为数众多的西周时期的原始瓷器。

安徽省屯溪发现有西周原始瓷带柄壶，高13.6厘米，口径5.6厘米，通体施以淡棕色釉，呈短颈鼓腹形，器身用密布的弦纹来装饰。还发现有西周原始瓷三系罐和原始瓷尊，罐高12.3厘米，口径11.4厘米；尊高17.7厘米，口径17厘米。

陕西省长安县发现的西周原始瓷豆，高7厘米，口径13厘米，足径7.8厘米。豆盘敛口，浅腹，粗柄，圈足侈大，釉呈青色。

西周原始瓷罐，高19厘米，口径11.9厘米，底径16.5厘米，敞口、矮颈、鼓腹、大平底，上腹置有对称绳纹状双系，器腹饰有变体云雷纹。施黄褐色釉，施釉不均，底无釉。

阅读链接

西周时期是我国青铜文化的鼎盛时期。这一时期的陶器已经丧失了前一时期的无可替代的重要地位，青铜礼器和生活、生产用器成为社会风尚的主流，陶器虽然在一定程度上还保持着传统的面貌，但器型、纹样模仿青铜器的做法相当流行。

烧陶窑炉的发展为冶炼青铜炼炉的创制提供了启示；而能用火候较高的温度冶炼青铜，又为改进陶窑炉进一步烧制出耐温较高的白陶器和原始瓷器创造了条件。

春秋时原始青瓷得到提升

东周又可以分为春秋、战国两个阶段。春秋时期的瓷器的烧制更加集中和专业化。此时烧制的瓷器，和西周原始瓷器相比，质量又有提高，在胎质烧结性能和器表施釉技术等方面已不同于原始青瓷。

春秋瓷器的器型有敛口、深腹圆鼓、平底罐，敛口、扁圆腹、平底瓶，敛口、浅腹圆鼓、平底盂，大敞口平底碗和器盖等。在造型上有精致的加工，多仿青铜器，如提梁三足鼎、整套编钟等。

春秋原始瓷如意纹筒形罐，敛口，束颈，折肩，筒形深腹，平底。肩部饰弦纹一组，肩部两侧各塑一"S"形附加堆纹，纹饰华

春秋原始青瓷

丽古典。

春秋时瓷器釉质多呈灰白色，并有一些黄白色和紫褐色。釉分青绿色、黄绿色和灰绿色。器表的釉下纹饰主要是大方格纹和编织物纹。而在黄河中下游地区春秋时的原始瓷器则很少发现，所见的也只有釉下饰印方格纹的敛口、深腹圆鼓平底罐。

■ 春秋时期青釉水波三系鼎

春秋晚期，江、浙一带的原始瓷器成型工艺，从泥条盘筑法，改为轮制，因而器型规整，胎壁减薄，厚薄均匀。

有一件春秋青釉印纹罐，高29厘米，口径13.7厘米，底径20.5厘米，直口、低领、折眉、筒形深腹微鼓、平底。通体满饰蟠螭纹图案带条。器表施青褐釉，造型美观，装饰华丽。

瓷器的产生与发展和其他器物一样，有着由低级到高级，由原始到成熟的发展过程，春秋时期原始瓷器的主要生产区域在江南地区，这可能与这个地区盛产瓷土原料有着一定的联系，春秋时期的瓷器较之前的瓷器质量有了很大的发展。

有件春秋原始青瓷三足鼎，高10.6厘米、口径16.9厘米。敛口、口沿外侈、短颈内收、折肩、扁圆腹、圜底，3个矮锥状足，肩部有对称双耳根又耳间的腹部两侧又各饰一条锯齿形附加堆纹竖条。通体满饰锥刺纹，器表施黄绿色薄釉。造型精巧美观，装饰

如意纹 如意系指一种器物，柄端作手指形，用以搔痒，可如人意，因而得名。也有柄端呈"心"字形的。按如意形做成的样，借喻"称心""如意"，与"瓶""戟""磬""牡丹"等组成民间广为应用的"平安如意""吉庆如意""富贵如意"等吉祥图案。

华丽，是一件具有较高工艺水平的原始瓷器。

在江苏省常州武进区淹城遗址，发现了春秋原始青瓷簋，高12厘米，口径20.5厘米，腹径27厘米，底径20厘米。器形为撇口，束颈，圆鼓浅腹，圈足，平底。肩部贴附绹纹环耳一对，两耳侧贴有S形的堆纹装饰，并不规则贴塑雏鸟7只，作栖息状，其中两鸟与两耳对称间距，与腹部的两条凸棱相连。

簋的腹部采用剔刺法制成密密匝匝的锥刺纹，横向排列为8个层次。小鸟的轻松稚拙与锥刺纹的深沉神秘融为一体，形成强烈的独特效果。其精巧的构思、高超的技艺令人观而叹之。

这件瓷簋胎质细腻，制作精良，除器底外，内外施青灰色釉，釉面薄而匀净。胎釉烧结紧密，叩之有清脆之音，足证当时的制瓷工艺已趋向成熟。

瓷簋造型仿商周青铜礼器，肃穆质朴，古气盎然，装饰技法运用了盛行于青铜器上的浮雕堆贴而散发着青铜时代的艺术风韵，表现出当时工匠的丰富想象力和娴熟的技巧，其绹纹耳和"S"形附加堆纹，又具有南方地域特征，为一件珍贵的原始瓷器。

江苏省丹阳春秋墓中发现一件原始瓷鼎，高9.5厘米，口径17.9厘米，腹径18.8厘米，侈口，束颈，浅圆腹，三足粗短。胎体坚致，釉色茶黄。腹

■ 印纹陶瓿

部装饰4排锥刺纹，并堆塑3条竖向扉棱与三足相连。扉棱顶端各饰一S形堆纹。内壁见不规则螺旋纹，此鼎为春秋南方原始瓷的典型器。

■ 硬陶几何印纹罐

春秋时期是龙纹发展的新时期，龙纹瑰丽多姿，神人蛇龙的浪漫世界开始出现。这时的龙都是兽体，爪是三趾，细尾而卷，张大口，头有角呈后卷状。

春秋时期也是我国社会发生重大变革的转折期，龙纹样也在这一时期发生了很大的变化。龙角也由商代粗短的蘑菇形，发展为曲层和分枝。同时，还出现了龙蛇、龙凤、龙虎以及动物纹与谷纹的组合，空间结构变化多样。

浙江省发现的春秋原始瓷鉴为大件器型，平沿、深腹，底置三足，外壁对称塑有伏螭虎。器表光亮，施釉不均，腹壁饰有戳印纹。

浙江省还发现有春秋原始瓷刻纹筒形罐，高27厘米，口径19.5厘米，上面也有精致的龙虎纹。

阅读链接

春秋时期，在吴越两国境内，青瓷器被广泛地代替了青铜器和漆器的使用范围。这一时期的青瓷器不仅造型和类别比较复杂，其纹饰也趋多样化。

从商代、西周和春秋等时期，原始瓷器在胎质、釉色、花纹装饰和常见器形等方面有着一脉相承的发展关系。

但在烧成温度和施釉等方面，西周和春秋时期的原始瓷器确比商代时期的原始瓷器有了明显的提高，基本上接近了秦汉时期的早期青瓷器。

造型精美的战国原始青瓷

战国时期，原始瓷的生产和使用较西周、春秋时期更加进步和广泛，胎泥处理更精细，火候更高，釉色更稳定，成型更先进，由前一时期的泥条盘筑改进为轮制成型。这时的原始瓷胎细，致密坚硬，多为灰、灰白色，亦有紫色等。釉厚薄较均匀，多里外满釉，一般呈青色或青上泛黄，不易剥落。

战国原始瓷的烧成窑炉有馒头窑和龙窑，都不太大，往往和印纹硬陶同窑烧造，并且除少数扁圆垫珠外，没见使用其他窑具，所以烧成的质量不一，战国原始瓷在当时还是一种较高档的用器。

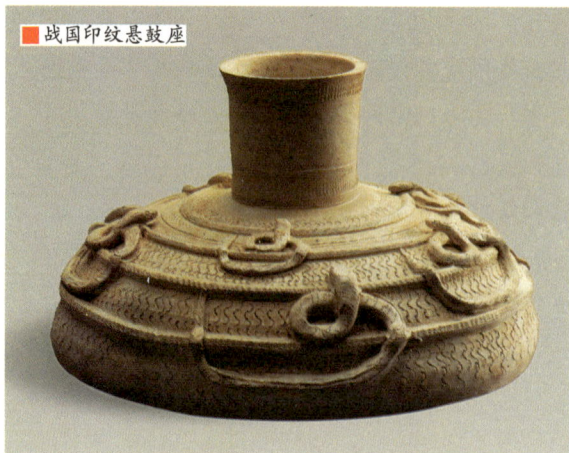

战国印纹悬鼓座

相对精美的战国青瓷作品中，首推的是一

件龙形提梁壶，高21.8厘米，小口低领，口上盖有平顶直壁带钮盖；宽肩，扁圆腹，圆底，三兽蹄形足；壶身上下满布云雷纹，中部和顶部各有一圈阳工弦纹。

龙形提梁壶身前部有龙首形流，龙首上印有勾连云纹。与之相应的壶身后部塑有一只虎形兽，兽身上有谷纹作装饰。壶身上部有一象征龙体的六方拱形提梁。提梁前端有一对螺旋状龙角，上端为两组齿形脊棱，末端有一条蛇形龙尾。

壶盖的装饰也非常别致，最外端为一圈斜线纹，紧接着是一圈较大的云雷纹，中间是一圈纽丝纹，里面又一圈小云雷纹，中心为一只捏塑的鸟形钮。

龙形提梁壶表满涂青绿色釉，系江浙地区早期越窑产品。该壶上的动物造型装饰应代表青龙、白虎、朱雀、玄武四神兽的早期雏形。壶嘴和提梁为青龙，虎形兽为白虎，鸟形钮为朱雀，扁圆形壶身为玄武。

龙形提梁壶几乎囊括了我国古代青瓷制作与装饰工艺的所有技法，它将盘、拉、粘、轳、刻、印、脱、修等技法集于一身。仅观察它们的轳坯工艺就与众不同。

与此壶同期的还有4件造型各异的战国青瓷鼎和一件青瓷洗。其中一对大鼎，高22厘米，深腹圆底，

四神兽 也叫四象、四灵。春秋战国时期，由于五行学说盛行，所以四象也被配色成为青龙、白虎、朱雀、玄武。四神兽在我国古代中另一个主要表现就在于军事上，在战国时期，行军布阵就有"前朱雀后玄武，左青龙右白虎"的说法。

■ 战国瓷盆鼎

方唇，子母口，盖上分立3个双孔鸟形钮，中心置一桥形钮，上饰双勾S纹和鼓钉纹。

鼓形盖面上有5道阳工弦纹，弦纹之间满布云雷纹。鼎口下沿有一圈阳工弦纹。两壁有长方形竖耳，下有3个外撇的方棱形高足。

与上述双鼎大小相似的另外一件釜形盘口鼎，鼎上虽然没有各种装饰性花纹，但造型也十分庄重。盘形敞口，折沿，沿上有一对称六棱环状双耳，径内收；扁圆腹、圆底，3个外撇的高足呈方形，鼎内外施满青绿釉。此外，还有一件小鼎和一件洗。

这批青瓷是出于同一窑口，甚至同一工匠之手。它们的造型和纹饰均仿造战国青铜器的式样，端庄古朴，有一种令人肃然起敬的王者风范。它们最突出的共同特点就是工艺复杂，制作精良。

商、周至六朝的青瓷圆器，绝大部分在制坯过程中都只修外壁不修内壁，内壁上都留有盘压和拉坯时留下的螺旋状压痕或指纹。但是这批青瓷器不但修锛外壁，而且内壁也修锛得极其规整。

从那些保留在器物内外的犀利刀痕，可以清楚地知道，在2200多年前的战国晚期，我国陶瓷的成型工艺已从慢轮制作转向快轮制作，与此同时，我们的祖先已经掌握了极其娴熟的制瓷技法。

王者风范 代表着某种行为标准，指一个人是否具备拥有帝王将相般的模范。在历史上，一个帝王的行为规范最能体现出这个国家人民生活的行为准则。其表现为大度，但对于别的细节又很认真，拥有无与伦比的观察力；有心计，最重要的是要有领导能力，而且要在做事前确立目标，在做事过程中，不利欲熏心。

青瓷即原始瓷的出现，是我国陶瓷发展史上的一次飞跃，揭开了人类瓷器发展的序幕。

原始青瓷在西周与春秋时期得到了蓬勃发展，在北至北京，南达广东，东抵海滨，西到陕西、甘肃的广大地区内的西周和春秋遗址或墓葬中，都曾发现过多少不等的原始青瓷器或碎片。说明原始青瓷的影响范围在这一时期已有了扩大，其中仍以长江以南与东南沿海地区数量较多。

战国是我国社会制度由奴隶制向封建制的转型期，铁器在人们日常生活中已开始普遍使用。战国初期，由于地处江南的吴、越两国战争频繁，致使青瓷制造手工业的主产地江浙地区的陶瓷生产出现萎缩。

战国晚期，主要战场也由南方转向北方。这一时期，江浙人民的生产和生活都相对平稳，青瓷生产也得到了迅猛发展，开始由"原始"逐步走向成熟。

战国瓷器一般纹饰很少，主要有S形纹、栉齿纹，碗盘内底往往有一细密的由里到外的螺旋纹，外底有一道道切割的线纹。主要器形有饮食器碗、盘、钵、盂、盅、碟等，及仿铜礼器鼎、钟等。

战国原始青瓷双耳水盂，高5.5厘米，口

■ 战国龙形提梁壶

径6厘米，底径7厘米。平口，鼓腹平底，肩部各置一小耳。

战国原始瓷青釉水波纹盖鼎，高19厘米，口径19厘米，足距17厘米。鼎仿同时期青铜器造型，口沿下对称置双耳。直腹，平底，下承以外撇三足。

器表施青釉，胎色灰白。鼎附圆形盖，盖顶中央置一小系，四周对称分布3个小纽。盖面施青釉，以3道弦纹为装饰带，其间刻画简单的水波纹。

■ 战国瓷器三足壶

战国原始瓷俑钟，造型真实地模仿青铜制品，精巧而逼真。战国时期越国崛起，这件瓷俑钟说明古越人的原始制瓷技术进入了鼎盛时期。

不过，战国时青瓷的胎质一般不够纯净，质地较松散，胎色也多有变化。这些都是由于当时的制烧条件所限。战国青瓷在原料制备上还属于早期阶段，淘洗不够精细，更不存在机械粉碎和加工。烧制用窑炉不但体积小而且结构简单，很难严格控制温度和把握气氛。

由于江浙地区生产青瓷所用原料含硅量较高，含铝量较低，所以很容易熔化，在1200摄氏度左右就可以获得瓷化程度较高的产品，敲击声清脆悦耳。战国

水盂 又称水丞、砚滴，在古代则直呼为"水注"。其主要作用是为了给砚池添水，最早出现在秦汉。它的形制多种多样，千变万化，但以随形、象形居多，另一些则是圆形的，或扁圆、或立圆。水盂被称为文房"第五宝"。此物小巧而雅致，最能体现文人雅士的审美情趣，故在文玩类的工艺品中，属于品位较高的藏品。

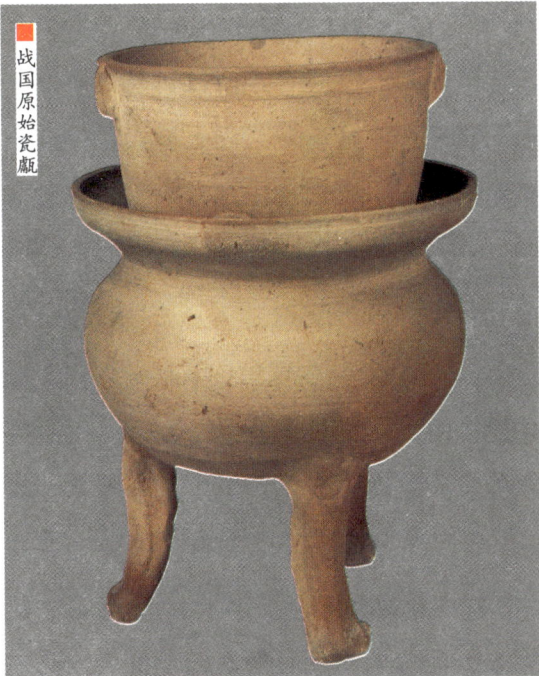
战国原始瓷甗

青瓷的瓷化程度往往要高于北方各窑口的瓷器。

战国时期原始瓷提梁盉，高17.7厘米，口径7厘米，盉直口，圆腹，下承以三兽形足，流为兽头状，壶体另一侧饰一卷曲短尾。提梁为弓形，顶部两端饰有锯齿形棱脊，肩、腹部饰以4道连续的水波纹。

战国青瓷的釉色、釉质及施釉痕迹都很有特点。首先是釉色，战国青瓷的釉色虽然有青绿色、黄绿色和酱色等多种颜色，但是它们有一个共同特点就是要与胎体的颜色协调一致。

造成瓷器颜色变化有两大因素：一是元素成分；二是烧成环境，也就是烧成的温度和气氛因素。战国青瓷胎和釉的基本材料是一致的，也就是说它们是用同一种黏土作原料，只是在釉子里面多加入了一种天然熔剂草木灰。

战国时期，青瓷的釉层普遍较薄，少数产品釉稍厚，釉厚处有明显橘皮现象，被称其为"麻癞釉"。

造成这种现象的原因有两点：一是釉的高温黏度较大，缺少流平性；二是作为基料的

战国瓷双系罂

黏土和作为熔剂的草木灰未能均匀地分散与充分结合。

这是因为当时的人们在使用草木灰作熔剂时，还没有掌握陈腐、漂洗、粉碎等工艺，只是通过简单的筛选后把它与黏土搅拌在一起，所以灰与土之间不能均匀地分散与充分结合。通过观察战国青瓷的施釉痕迹也说明了这一点。

由于未经过陈腐、漂洗、粉碎等深加工工艺处理的灰密度较小，而黏土的密度较大，它们在釉液中会出现上下分离现象，灰浮在表面，土沉在底层，因此在上釉时不能采用蘸釉工艺，只能采用浇釉工艺。

所谓浇釉，就是用勺子一边反复搅动釉液，避免灰土分离，一边向坯体表面浇洒。采用浇釉工艺制作的瓷器，釉面有较多"流釉"现象，胎釉结合部位参差不齐，没有环状蘸釉痕迹。青瓷的浇釉工艺从商代一直延续到西汉，东汉以后才普遍采用蘸釉工艺。

在其他地方发现还有战国青釉瓷瑞兽，体态健硕，神情威猛；战国原始青瓷香熏，口径5厘米，高24厘米，可以看作最早的香炉雏形。战国时期，也出现了原始白瓷的萌芽，如战国白瓷笔洗，单色白瓷，卵白釉，高6.5厘米，腹径12厘米，笔洗身釉有脱落，口部有小磕碰，是品相极为稀少的原始白瓷器物。

阅读链接

战国时期在浙江、江苏、江西、福建、台湾、广东、广西以及湖南南部的广大地区，普遍使用原始瓷，特别是江、浙、赣一带，更为盛行。它们的生产规模和产量比西周和春秋时都有了很大的发展和提高。

一直以来，陶瓷界都将上虞小仙坛东汉窑址的产品认定为我国最早出现的成熟青瓷。而亭子桥烧造的成熟青瓷，将我国青瓷的起源往前推了600多年。

秦汉时期瓷器

秦汉两代，政治、经济、文化空前繁荣，瓷器生产也出现了新的局面。

在长期制陶烧瓷的实践中，对原料的选择，坯泥的淘洗，器物的成型，施釉直至烧窑等技术，都有明显的改进和提高，形成了完整的工艺体系。到东汉晚期，终于烧制了成熟的青瓷。

魏晋南北朝是我国各民族大融合时期，随之而来的是民族文化的繁荣。这时期的瓷器，仍以明器为主，从北齐一些乐舞人扁壶等器物的特殊造型和图案上还可以找到中西文化交流的痕迹。

秦朝从陶到瓷的过渡时期

　　公元前247年，秦庄襄王驾崩，13岁的嬴政被立为秦王。从公元前230年至前221年的10年间，嬴政先后灭韩、魏、楚、燕、赵、齐六国，结束了自春秋战国以来长达数百年之久的分裂割据、混战不已的局面，创立了我国历史上第一个统一的封建中央集权国家。

■ 秦代陶牛车

这一时期，我国的制瓷工艺仍然处在原始阶段。但是，秦时期的原始瓷与战国早、中期的原始瓷存在着很大的差别。

首先是胎、釉原料不同。秦朝原始瓷胎料中氧化铝和氧化铁的含量较高，使陶瓷坯有可能在较高的温度中烧成，生成较多的莫来石晶体，从而提高陶瓷器的机械强度和烧成中减少制品的变形。

莫来石又称富铝红柱石，无色，晶体呈柱状或针状，熔融温度约为1910摄氏度，是陶瓷制品的主要组成部分。

但在烧成时若窑内温度达不到它所需要的高度时，不仅不能达到增加氧化铝的目的，反而会使坯体疏松，烧结情况很差。

氧化铁的引入，就不可避免地给坯体带来颜色，在氧化气氛中烧成胎呈红色，在还原气氛中烧成胎呈灰色，氧化铁含量越高，胎的颜色越深。

所以秦汉时期的原始瓷，除一部分烧成温度比较高的产品，胎骨致密，叩之有铿锵声，多数胎质粗松，存在着大量的气孔，吸水率高，呈灰色或深灰色，不及战国时期的细腻、致密。

秦原始瓷胎质粗松，从断面中还可看到较多的砂粒，说明原料的粉碎、淘洗和坯泥的揉炼不及战国时期精细，比较随便。

■ 原始瓷器双系罐

嬴政 即秦始皇。我国历史上著名的政治家，首位完成我国统一的秦朝开国皇帝。秦庄襄王之子，13岁即王位，39岁称皇帝，在位37年。秦始皇建立皇帝制度，统一文字和度量衡，北击匈奴，南征百越，修筑万里长城。把我国推向了大一统时代，奠定了我国2000余年政治制度基本格局。

瓿 盛酒器和盛水器，亦用于盛酱。流行于商代至战国。器型似尊，但较尊矮小。圆体，敛口，广肩，大腹，圈足，带盖，有带耳与不带耳两种，亦有方形瓿。器身常装饰饕餮、乳钉、云雷等纹饰，两耳多做成兽头状。

秦代原始瓷的釉层较战国时的厚，但釉色普遍较深，呈青绿或黄褐等色，而且由战国时的通体施釉变为口、肩和内底等处的局部上釉，上釉的方法由浸釉变成刷釉。说明两种原始瓷，从釉料到上釉工艺存在着明显的不同。

其次是器物的成型也一变战国时期拉坯成器、线割器底的作风，而普遍地采用器身分制，然后黏结成器的方法。

品种和装饰也有明显的差别，秦代的原始瓷以仿铜礼器的鼎、盒、壶、钫、钟、瓿等为常见，很少发现战国时盛行的碗、钵、盘、盅等一类的饮食器。

秦代原始瓷器装饰的纹样以弦纹、水波纹、云气纹或堆贴铺首等为主，绝少甚至完全不用战国时经常采用的S纹和栉齿纹等。

■ 原始瓷器花壶

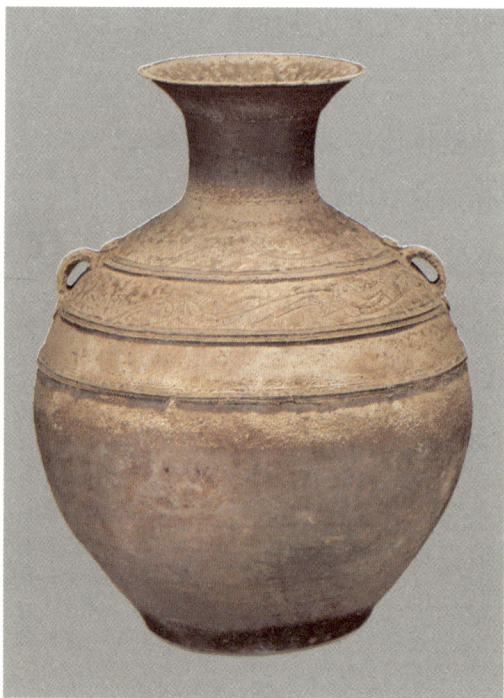

这些明显的差异，表明秦代原始瓷与战国以前的原始瓷，乃是两个不同时期的历史产物，两者在工艺传统上看不出有直接的继承关系。

原因则在于楚灭越的兼并战争中，浙江境内较发达的原始瓷业遭到了严重的摧残和破坏而中断。

但是原始瓷业重新在越国故地复兴，又说明烧制原始瓷的工艺传统和影响并未全然断绝，所以在短期中断以后，又重新烧造。

上海市嘉定县外冈墓中发现的原始青瓷瓿，胎骨坚硬，呈灰色，肩部划圆珠和水波纹，外施淡绿釉，具有浓厚的战国楚器的特征。由此可知，这类原始瓷开始复烧的时间，可能在战国末年至秦初。

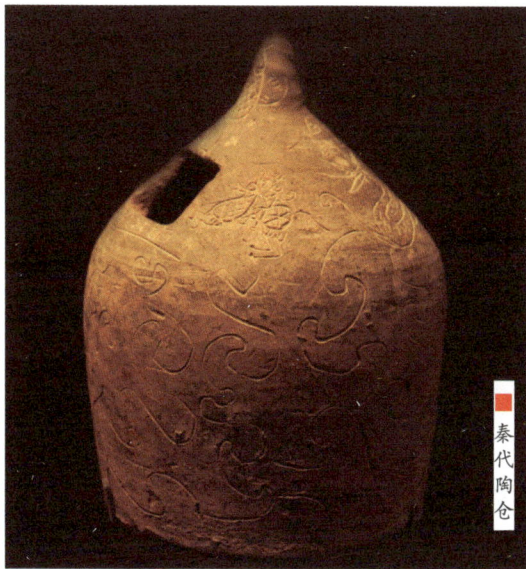

秦代陶仓

秦代越地的原始青瓷太阳杯，高7.6厘米，口径10厘米，底径5.1厘米，该青瓷杯的釉色、胎质，都代表了秦代原始瓷的最典型的特征。

秦始皇陵附近发现的明器彩陶仓器身较矮，上有模拟平顶斜坡式圆形屋顶，仓身正面开一扁方形门洞，外表光滑，有陶与瓷共同的特征。

阅读链接

在陕西省临潼秦始皇陵内城与外城之间的秦代房基中，发现与灰陶扁平盖一起的几件原始青瓷盖罐。在灰陶扁平盖的顶面分别刻有阴文小篆"左""丽山飤官"和"右"等字样，当是秦代的原始青瓷。

从这些原始瓷器来看，青釉盖罐的盖作扁圆形，上有半环形钮，盖下有子口与器身密合。胎质细密坚硬，烧成温度较高，但铁含量较高，呈色深灰。盖面和器身外表均满施青褐色釉，釉层不够均匀，有聚釉现象。

盖罐的轮线柔和，盖与器身的比例协调，体型的大小适度，是一种美观而又实用的储盛器。

古代瓷器走向成熟的汉代

汉代是瓷器手工业大发展时期。但在西汉初期，由于长期战争，社会经济遭到极大的破坏，包括瓷器生产在内的手工业发展缓慢。

西汉瓷器装饰主要在肩部刻画的两条阴弦纹构成的装饰区间内刻画水波纹、云气纹、卷草纹、人字纹等。有的粘贴细细的泥条，压成凸弦纹，或在流动的云气之间刻画神兽、飞鸟，动感强烈。

西汉青瓷原料中铝和铁比例提高，这就需要在较高温度中烧成，然而当时的窑炉尚未改进，从而导致汉初青瓷比不上战国青瓷，有的胎釉含铁高，瓷器颜色呈酱黄、酱褐和黑褐色，东汉发展成为黑瓷。

西汉瓷器成型用陶车手工拉坯，器身和器底分别制作，然后黏结而成。釉层普遍加厚，由于含铁量增高，

汉代青瓷四系罐

釉色大多数呈褐绿色或酱褐色，器物内壁施一层薄釉，外壁只在口沿及肩上部施釉，腹中部和下部露胎。

西汉初期，青瓷日用器皿不多，主要是仿青铜礼器，如壶、瓿、罐、鼎、盒、钟、敦等。形制大都依照当时的青铜礼器，器型大方端庄，鼎、敦、盒的盖面和上腹施青绿或黄褐色釉，制作比较精细。

到了西汉中期，原始瓷器的面貌发生了某些变化，敦已完全被盒所取代，一些仿铜礼器的制品如鼎、盒的形状已大不如前，鼎腹很深，足很矮，有的足已缩短到鼎底贴地，变成似鼎非鼎，似盒非盒。同时施釉的部位缩小，以至于完全不上釉，其制作已不如汉初的精致、讲究。

西汉初期的瓿，平唇短直口、斜肩、扁圆浅腹、平底，底下安有3个扁平的矮足，肩部有对称的铺首双耳，耳面翘起并高出器口。上有扁圆形盖，盖面中心有捉手，便于揭取。盖沿下面做出子口，与器身吻合紧密。到西汉中期，肩部渐鼓，耳的顶端则逐步降低，与器口接近平齐，底下三足消失。

汉初的原始瓷鼎由战国时期的陶鼎演变而来，兽蹄形三足较高，附耳高翘，耳根突出。盖似半圆球形而顶面稍平，上附3个高钮，仰放时可当三足用。

■ 汉代青釉双耳壶

瓷成精品

秦汉时期瓷器

敦 我国古代用来盛放黍、稷、粱、稻等饭食的器皿，由鼎、簋的形制结合发展而成。后来逐渐演变出盖。常为三足，有时盖也能翻过来使用。产生于春秋中期，盛行于春秋晚期到战国晚期，秦代以后渐趋消失。

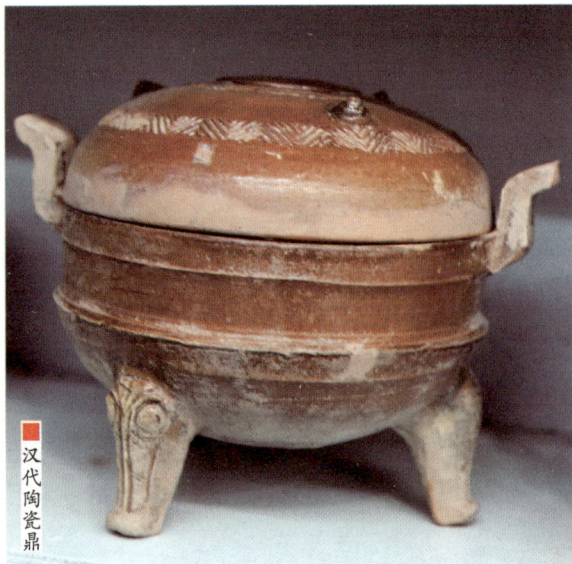
汉代陶瓷鼎

西汉中期，鼎的双耳短直，兽蹄足显著变矮，逐渐与底平齐以至完全消失，盖钮也逐渐变小而呈乳钉状，像个罐形。西汉晚期以后，鼎与盒等仿铜礼器不再生产。

至西汉晚期，鼎、盒一类的制品归于消失，壶、瓿、罐、钫、奁、洗、盆、勺等类日常生活用品急剧增加，生产更注重实用。

同时出现了牛、马、屋等明器。牛、马线条比较粗犷，造型艺术不高，房屋多干栏式建筑，也有筑围墙的平房和构筑堡垒的楼屋式的地主庄院，式样丰富。

这一时期，瓿的形体变得又高又大，敛口、宽平唇、圆球腹，肩部的双耳已大大低于器口，形如大罐。进入东汉以后，原始瓷瓿已不再生产，为印纹陶罍所代替。

西汉晚期的青瓷器以壶、瓿、罐、钫、樽、洗、盆、勺为主，已经不见仿青铜礼器。

自汉代以来，壶一直是各地窑口生产的大宗产品。汉初的原始瓷壶，口部微向外侈，颈部较长，器肩斜鼓，并装有"人"字形纹的对称双

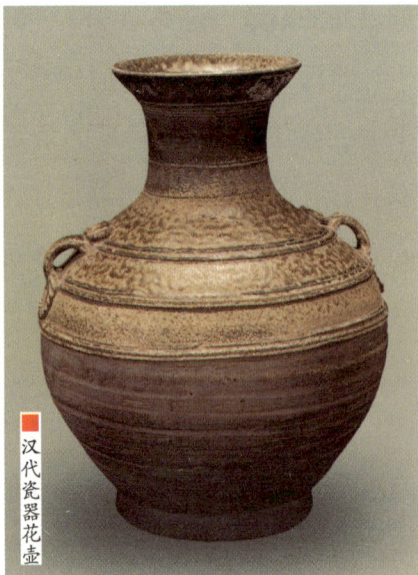
汉代瓷器花壶

耳，腹下圈足较矮，称为圈足壶。

到西汉中期，瓷壶的口缘趋向喇叭状，颈部缩短而器腹加深，圈足更趋低矮以至变为平底。肩部附耳作半环形，也有在双耳上端贴铺首或堆塑龙头的。

到了西汉晚期，壶口已明显地呈喇叭形，腹部球圆，极少发现圈足，双耳常作铺首衔环。如长沙五里碑汉墓发现的喇叭口壶，耳部配装活动的铁环，是非常罕见的。

壶耳也有做成鱼形的，或者是在竖耳的上端堆贴横"S"形纹，除喇叭口壶外，还有长颈壶、蒜头壶、匏壶等不同的造型。它们的数量不多，但式样新颖别致。

汉代瓷长颈壶，是在扁圆形的壶腹上，配以修长而细圆的直颈，稳重端庄；蒜头壶则长颈球腹，颈上为形似蒜头的小口，造型别致。汉代匏壶则小口束腰，整器像上小下大的两个圆球连接而成，其状颇似葫芦。

西汉时期原始瓷器的装饰艺术，大致说来前期比较简朴，一般器物上都只饰简单的弦纹或水波纹，未见有繁复的装饰纹样。

到了西汉中期及其以后，有了简单的刻画花纹，尤其喇叭口壶和长颈壶等器物，往往在器物的口缘、

汉越窑青瓷长颈瓶

铺首 多指门扉上的环形饰物，大多冶兽首衔环之状。商周铜饰上早已有之。它是兽面纹样的一种，有多种造型，嘴下衔一环，用于镶嵌在门上的装饰，一般多以金属制作，作虎、螭、龟、蛇等形。后民间门扉上应用很广，为表示避祸求福，祈求神灵像善类那样勇敢地保护自己家庭的人财安全。

■ 汉代青瓷壶

镂雕 亦称镂空、透雕。指在木、石、象牙、玉、陶瓷体等可以用来雕刻的材料上透雕出各种图案、花纹的一种技法。距今5000年前的新石器时代晚期，陶器上已有透雕圆孔为饰。汉代到魏晋时期的各式陶瓷香熏都有透雕纹饰。清乾隆时烧成镂空转心、转颈及镂空套瓶等作品，使这类工艺的水平达到了顶峰。

颈部、器肩及上腹等部位，于醒目的凸弦纹带的区间内，分别划以水波、卷草、云气和人字纹等。

云气纹线条柔和流畅，使人如觉流云浮动，在流云之间往往还配以神兽飞鸟，画面十分生动优美，可与同时期的青铜器和漆器图案相媲美。

在浙江省义乌发现的一组西汉中期原始瓷器，其装饰图样颇为特殊，如在壶的耳部堆塑鼓睛突目、两角卷曲的龙头；在瓿的腹部画有对称的两个半身人像，其下为佩璧图样，佩戴穿璧作迎风飘舞状。

而且，义乌瓷瓿的耳面则印出面目狰狞、威武凶猛的武士形象，一手举剑、一手持盾，同时在盖顶堆出躯体蜷曲、毒舌前伸的蟠蛇形钮，刻画精细。这种装饰手法和题材内容，为同时期的陶瓷装饰艺术中所罕见。

西汉时期原始瓷器的制作，随着社会经济形势的发展而日趋繁盛。到了西汉中晚期以后，这种既有艺术装饰而又具实用价值的原始瓷制品，不仅在当时的产地浙江和江苏一带地区广为流行，而且在江西、两湖、陕西、河南、安徽等地的墓葬中也有发现，表明它已成为当时人们所乐用的制品，被作为一种畅销的新颖商品而远销外地。

032

华美的瓷器

进入东汉以后，原始瓷的品种和纹饰都有所变化，瓿和钫等器类已不再生产，而罐类等日常生活用器的烧造量则在急速增长，这些饮食器皿和容器的造型表明，当时原始瓷器的制作已转向经济实用。

东汉出现的新品种之一是瓷提盆，束口、鼓腹、平底，盆体宽大而稍扁，口沿安有粗壮的弯曲提手，是一种提携方便的盥洗器。

东汉原始瓷器的装饰花纹也较简单，仍旧为弦纹、水波纹和贴印铺首等几种，与原始青瓷的装饰手法无甚差异。

用泥条盘筑法成型的瓿、罍等器物，外壁拍印麻布纹、窗棂纹、网纹、杉叶纹、重线三角纹、方格纹和蝶形纹等，也与印纹硬陶的装饰图样基本相似。

因在双系罐和盘口壶的腹部，密布规则的宽弦纹，因此人们习惯地称之为"弦纹罐"和"弦纹壶"。

此外，在熏炉的腹部镂雕三角形的出烟孔，钟、洗的肩、腹部贴以铺首，五联罐的颈腹部堆塑猴子和爬虫，以及鬼灶上刻画鱼、肉图案等。灶上饰鱼、肉，既点明了它的用途，又祈求死者生活富裕常以鱼肉为食，寓意深刻。

在东汉中晚期的窑址和墓葬中，又发现了有一类胎、釉呈色很深的器物，器型有五联罐、盘口壶、双系罐、碗、洗、盘、刁斗和耳杯等。

这类制品因胎料中含有较多量的铁，在稍低的窑温

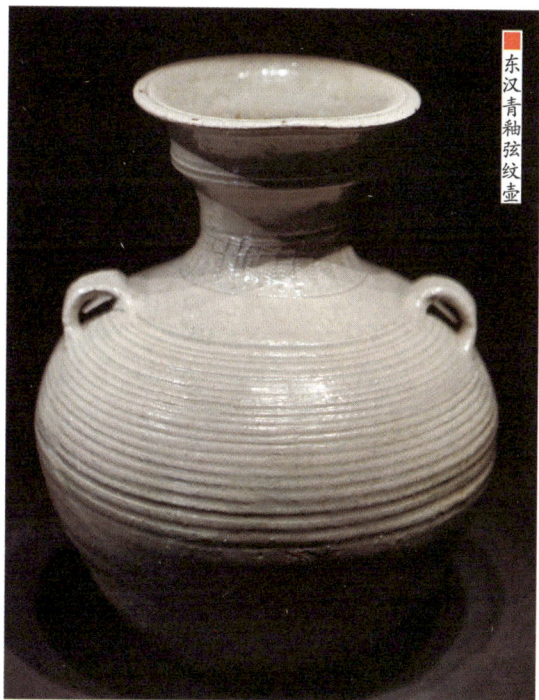

东汉青釉弦纹壶

■ 东汉绿釉四神纹壶

明器 指专门为随葬而制作的器物。又称冥器。一般用陶瓷木石制作，也有金属或纸制的。除日用器物的仿制品外，还有人物、畜禽的偶像及车船、建筑物、工具、兵器、家具的模型。在我国，从新石器时代起即随葬明器。明器是考察古代生活和雕塑艺术的有价值的考古实物。

下也可以使坯体达到较好的烧结状态，所以多数器物的胎骨坚硬而致密，碰击时发声清亮。

这类原始瓷器，胎呈暗红、紫或紫褐色，多数通体施釉，釉层比较丰厚且富有光泽，质坚耐用，实用价值较高。而它是一种利用含铁较高的劣质原料做成，是东汉窑业手工业者的一个创新，为东汉晚期黑釉瓷器的产生，打下了良好的基础。

另外，在墓葬内也发现部分瓷器的胎骨较为疏松，容易破损，显然是专门用于随葬的明器。当时所用的釉料仍然是以铁作为着色剂的石灰釉，釉的高温黏度较低，流动性较大，有较好的透明度，也容易形成蜡泪痕和聚釉现象。

在东汉以前，施釉用刷釉法，并且只在器物的口、肩等局部地方施釉。到了东汉中期开始采取浸釉法，器物大半部上釉，只是近底处无釉，釉层增厚，而且釉胎的结合也大有改进，少见脱釉现象。

东汉时期，瓷器成型多采用快轮拉坯成器身，再黏结器底而成，器型比较规整，器壁往往留有轮旋的痕迹，而制作精细的钟、壶类器物，则在成型以后又进行修坯、补水等工序，因此表面都显得十分平整光滑，不见"棕眼"等缺陷。有些制作精良的原始瓷器十分接近成熟瓷器的形态。

由原始瓷发展到瓷器，是我国古代劳动人民的一项重大发明和创造，由于瓷器比陶器坚固耐用，清洁美观，又远比铜、漆器的造价低廉，而且原料分布极广，蕴藏丰富。各地可以因地制宜，广为烧造。

这种新兴的事物，一经出现即迅速地获得人们的喜爱，成为十分普遍的日常生活用具。此时，西汉常见的仿青铜器造型逐渐消失，日用器物罐、壶、瓶、碗、盆、盘、洗增多。

瓷碗是古代瓷业生产的大宗产品，东汉晚期平底碗的造型可分为两种形式：一种口沿细薄，深腹平底，碗壁圆弧，就像被横切开来的半球形；另一种口沿微微内敛，上腹稍微鼓起，下腹弧向内收，平底，器型较小。两种形式的碗底都微向内凹。

这些也都说明，东汉时代的瓷器，从造型艺术到装饰手法，均存在着原始瓷和印纹硬陶的明显烙印，尚未形成自己特有的风格，说明它刚从原始瓷中脱胎而来，仅仅是迈出了它的头一步，然而这恰恰是划时代的一步。

阅读链接

通过对浙江省上虞县上浦小仙坛东汉晚期窑址的瓷片和窑址附近的瓷土矿中的瓷石样品的分析，结果表明该窑场的制品，具有瓷质光泽，透光性好，吸水率高，在1260摄氏度以上的高温下烧成。

器表通体施釉，其釉层比原始瓷显著增厚，而且有着较强的光泽度，胎釉的结合紧密牢固。

同时，釉层透明，表面有光泽，釉面淡雅清澈，犹如一池清水，已经具备瓷的各种条件。因此把瓷器的成熟期定在东汉的晚期比较妥当。

魏晋南北朝瓷器不断创新

东汉之后，先后经过了魏、蜀、吴三国鼎立，东西两晋，十六国的北朝和宋齐梁陈的南朝，这一时期从200年至581年，统称为三国两晋南北朝，这400余年是我国历史上一个大分裂、大动荡的时期，但陶瓷的发展并没有停滞。

三国两晋时期，江南陶瓷业发展迅速，相继出现了在浙江萧山、上虞、余姚一带的越窑、瓯窑、婺窑、德清窑；湖南的湘阴窑；四川的青羊宫窑、固驿窑；江西的罗湖窑等著名窑址，所制器物注重品质，加工精细，可与金、银器相媲美，成为当

■ 三国青瓷镂空器

时名门望族的日用品。

三国时期的青瓷仍保留着前代的许多特点，它的胎质坚硬细腻，呈淡灰色，釉汁纯净，以淡青色为主，施釉均匀。器物上的装饰常见的有弦纹、水波纹、铺首、方格网纹和耳面印叶脉纹等，并在谷仓上堆塑各种人物、飞禽、走兽等，极为生动。

从墓葬情况可以看出，这时青瓷逐渐代替了青铜器、漆器。很多汉墓发现的陪葬品以青铜器、漆器占主要比重，而江南六朝时期的墓葬中的器物绝大部分是青瓷器，表明青瓷已经成为当时人们日常生活的主要用具。

西晋青瓷的生产内容包括日常生活中的实用器物，有钵、双耳罐、四耳罐、盘口壶、双沿罐、筒形罐、蛙形水盂、油灯、虎子、鸡头壶、羊头壶、牛头罐、虎头罐、扁壶、圈足唾盂、三足盘、平底盘、长方形多格盘、镂孔香熏、熊形或兔形水注。

西晋青瓷明器有谷仓罐、羊形器、神兽尊、熊形尊、灶、犀牛形镇墓兽、鸡笼、狗舍、猪圈、男女俑、部族家丁形象等瓷塑。

而发现的这一时期的瓷器，其造型、纹饰与汉代陶瓷、青铜器有很密切的继承关系。如西晋青釉洗，腹部有一条印纹饰，两面贴铺首衔环，具有明显的汉

余姚 位于浙江省东部。余姚得名，说法不一。一说，舜文庶所封之地，舜姓姚，故为余姚。另一说，夏少康封少于无余于会稽，以奉禹记，姚乃其届邑，故为余姚。秦时建县。200年，东汉时始筑县城，为浙东古县城之一。唐初一度升为姚州。宋为"望县"，被后人誉为"东南最名邑"。

西晋青瓷罐

华美的瓷器

代特征，这类青釉洗墓葬中数量很多。

西晋青釉槅，胎体厚重，为拿取方便，底边镂空。

西晋谷仓，上部中心为主罐，周围有4个小罐，是继承东汉五联罐和五管瓶造型而略加变化，上面浮雕有佛像、鸟雀、动物，下部为罐。

三国吴、西晋墓葬中都有瓷仓，有铭文谓之"廪"者，是装稻谷的，北方装谷的叫仓。

还有西晋青釉三足尊，也饰有印纹饰，下为3个熊足，两面贴奔兽纹，另两面贴铺首，造型、纹饰也具有汉代特征。

青瓷虎子在汉代多有提梁，西晋保留了这一传统，采用立烧，口向上，臂部触地。东晋虎子也采用这种立烧法。圆虎子多为正烧。虎身一般刻画飞翅纹。

西晋墓葬中还发现牛头罐，肩上有两个鼠形系，是这一时期比较少见的。

从以上器物可以看出西晋瓷器的器形种类及装饰特征。造型上多取自汉代铜器、陶器，壶、罐一类器物造型比较矮胖。装饰上也借鉴铜器，多于壶、罐、洗、碗等器物的肩、腹部饰一条

西晋越窑青瓷谷仓

带状印纹装饰，间饰铺首衔环、兽纹等。

我国最早的彩瓷是高温青瓷釉下彩，在江苏省南京雨花台一座三国至西晋初期的墓葬，发现一件青瓷带盖扁壶。其盖顶塑一鸟形钮，上腹部贴塑4个铺首、2尊佛像、2只连体鸟，浅灰胎体，施白色化妆土，再施青釉，釉的玻璃质较强，凝厚，釉色深灰，发褐色。

根据原料和工艺特征判断，这件青瓷作品应该是浙江中部地区，如金华地区早期婺州窑作坊生产的。

整件器物用黑褐彩满绘神奇内容的图案。盖钮两旁绘柿蒂纹，周围绕两个人首鸟身的形象在仙草上飞舞，仙草两侧各有一动物。扁壶颈部绘两个长有7张嘴的异兽，其间夹杂半身异兽图像。

腹部绘两排持节羽人，仙草、云气、朵花、莲瓣、弦纹、连弧纹等排列其间。内容虽多，但井然有序，线条有力，绘画水平不同凡响。

这种青瓷釉下彩绘，在工艺上是一个创举，但由于青瓷显色不佳，使得这种工艺没有发展起来。只有白瓷发展起来后，釉下彩工艺才得到发挥。

西晋的制瓷技术益加精巧，既实用又美观，青瓷的用途也扩大到人们日常生活的酒器、餐具和卫生用具等各个方面。东晋人口南移，南方出现城市繁荣，社会上对瓷器的需要量进一步增加。

■ **西晋越窑青瓷** 越窑是我国古代最著名的青瓷窑系。东汉时，中国最早的瓷器在越窑的龙窑里烧制成功，因此，越窑青瓷被称为"母亲瓷"。越窑持续烧制了1000多年，于北宋末、南宋初停烧，是我国持续时间最长、影响范围最广的窑系。越瓷胎骨较薄，施釉均匀，釉色青翠莹润，光彩照人。

仙草 传说中的一种灵异的草，服之可长生不老或起死回生。常见者为灵芝，又称灵芝草、神芝、芝草、瑞草，是祖国中医药宝库中的珍品，古今药理与临床研究均证明，灵芝确有防病治病、延年益寿之功效。

■ 西晋青釉兔形水盂

忍冬纹 古代寓意纹样。忍冬为一种蔓生植物，亦称"金银花""金银藤"，通称卷草，凌冬不凋，故有忍冬之称。《本草纲目》云：忍冬"久服轻身，长年益寿"。忍冬图案多作为佛教装饰，可能取其"益寿"的吉祥含义。东汉末期开始出现，南北朝时期最流行，比作人的灵魂不灭、轮回永生。

这时南方青瓷造型趋向简朴，装饰减少，有些器物只作简单的褐色斑点。南朝时期，青瓷上出现莲花瓣装饰；北方一度陷于战乱，但在北魏迁都洛阳以后，制瓷业又发展起来。

北方青瓷在造型、胎釉、纹饰等方面与南方不同，一般器型较大，以尊、瓶、罐、钵之类居多。胎体厚重，胎色灰白，釉较厚，玻璃质强，流动性大，器表往往有玻璃质流珠现象。由于佛教的盛行，器物多以莲花瓣纹、忍冬纹作装饰，装饰方法有堆贴、模印、刻画多种。

西晋青瓷的胎质比汉、三国制品细腻，体薄精巧，颜色浅灰。装饰方法流行在器物上印出一条不宽的装饰带，内印、刻细小斜方格纹、菱形纹、联珠纹，或粘贴范印的铺首；在器物上捏塑鸡、羊、虎、龙等，多在柄上。

另外，西晋青瓷在香熏等器物上有镂孔装饰，在钵、盆、洗等类器物上用竹刀刻出海星和水波纹，这是战国以来江南青瓷的传统技法。

而这一时期的瓷神兽尊一类器物用雕塑、刻画等技法做成神奇猛兽的形象，头像狮，身如熊，背上长出水生动物的鳍，两侧刻出强劲的翅膀，口含宝珠，

西晋青瓷镭钵

把日常所见和民间传说的神奇形象集中在一件作品上，埋在坟墓里，护灵驱鬼。

西晋青瓷谷仓罐的结构则比三国时期更突出，在肩部以上的范围内，堆塑各种形象的奴仆、卫士、善男、孝女、拜佛、祭祖和吊唁死者的丧葬场面，阙楼馆阁、长廊列舍、飞鸟六畜，既体现了墓主人的财富和权势，又表达了子孙繁衍、六畜兴旺的愿望。内容虽多，但布局井然有序。

西晋晚期开始出现在青瓷上点染酱褐彩斑，从而突破了青瓷单色釉的传统，丰富了装饰效果。

东晋青瓷生产数量增

■ 西晋青瓷神兽尊

西晋的鸡头罐

多，造型没有太多的创造性，只是神奇类器形大大减少，风格趋向实用。许多器形尺度加大，造型结构由矮肥圆鼓向高挑瘦长方向发展，没有西晋作品上那些华贵的装饰，褐彩装饰更加流行。

从最具有代表性的鸡头壶、罐的演变，不难看出各个时期瓷器的造型与纹饰的特征。

西晋鸡头罐，肩有双系，双系间饰鸡头、鸡尾。西晋早期罐的最大腹径在中间，以后重心上移，最大径在肩部，腹径与罐的高度大体相近，所以给人以矮胖的感觉，肩部有印纹饰。

东晋鸡头壶的特点是壶体变大，鸡头由装饰物变为具实用性的张口、引颈之壶流，短尾则变为圆形长柄。东晋晚期，壶的曲柄出现了龙首柄。

有一件东晋德清窑黑釉鸡头壶，高18厘米，口径7.9厘米，底径10厘米。壶盘口短颈，溜肩鼓腹。肩部一侧饰鸡头形流，流内有孔与壶身相通，流嘴呈筒状，鸡冠高耸，双目圆睁。

与鸡首相对的一侧饰一弯形圆柄，上下分别与口沿、肩部相接，便于握持。肩部另外两侧各饰一桥形系，可穿绳提携。

壶施黑釉，釉层丰厚，釉面滋润透彻，色黑如漆，匀净无瑕。外壁施釉不到底，近足处露出褐色的胎体。此器制作端正，各部位比例

华美的瓷器

协调，尤其是以鸡首装饰壶体，给人一种视觉上的美感。

黑釉在汉代已经出现，东晋继续烧造，但烧黑釉的仅有浙江的余杭、德清两窑，两窑同时也烧青釉。以浙江德清窑为代表，常见的器物除鸡头壶外，还有羊头壶，其数量少于鸡头壶，另外有碗、钵、盘、罐、盘口壶等日用器皿。其烧造历史较短，大抵在东晋至南朝早期的100多年间。

有一件东晋德清窑黑釉唾壶，高9.9厘米，口径8.9厘米，底径9.4厘米。唾壶盘口，束颈，扁圆腹，平底略上凹。外壁施黑釉，釉不及底。因釉层在高温熔融状态下产生垂流，致使器物下部积釉处釉层较厚，堆积欲滴。釉面滋润，开有片纹。

唾壶亦称唾器，属于卫生洁具，瓷质唾壶始见于东汉，三国、两晋时开始流行。东晋时期以青釉唾壶较为多见，黑釉唾壶少见。

东晋时期，彩斑装饰广泛使用，多饰于钵类器的盖、碗盘类器物的口沿、器心和外壁以及香熏、罐、瓶类器物的口沿上。

东晋、南朝时的瓷俑沿袭西晋的传统，但随葬品数量减少，一般只有男仆女婢各一人，有的有牛头状镇墓兽，或牛车、鞍马模型、三蹄足凭几等，时代特征很突出。

南朝以后，彩斑装饰逐渐减少，青瓷釉上彩工艺的做法是在施过釉的瓷坯上用毛笔点画黑褐色彩料，晾干入窑焙烧，当窑中焰火升到一定温度时，釉层熔融，彩料融入釉层

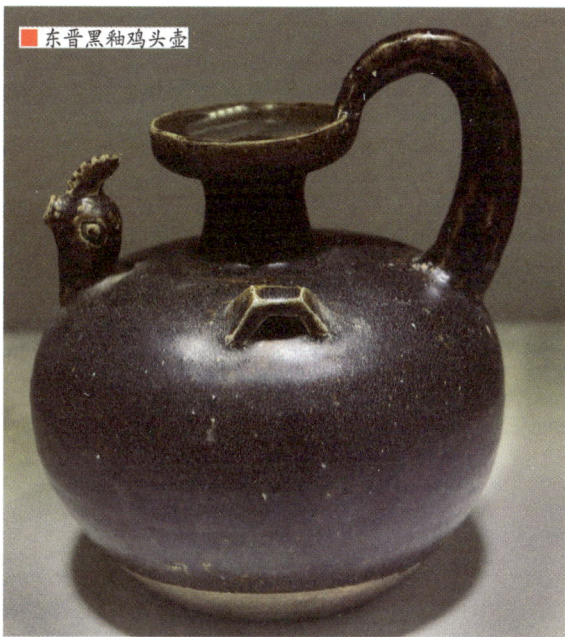
■东晋黑釉鸡头壶

而不流动浸漫，青瓷烧成后在器物上就出现黑褐色彩斑。

青瓷釉下彩或釉上彩皆为褐黑色，其呈色原料都是铁的氧化物，有的取自泥土中的铁锰结核，有的取自含铁量很高的红土，粉碎磨细，去掉杂质即可调成画彩原料。

南朝青瓷瓷窑作坊的建立比两晋更加广泛，工艺趋向朴素实用。常见的器形有钵、碗、盏、盏托、小碗、深腹敞口碗、双耳盘口壶、鸡头执壶、平底或带圆饼足的唾壶、仰覆莲瓣纹罐等。

由于佛教思想的普及，这一时期其他器物如盘、罐等也有饰有莲瓣纹，形成了这一时期的装饰特点。

这一时期的装饰特点比较明显，尤其是三国西晋时期的越窑最为突出。器物上常有表现生活场景的纹样，刻画细腻且逼真，真实地反映了那一个时期的社会面貌。

一些生活用品如烛台、油灯、水盂上大胆使用夸张变形的动物形象，多方面地体现了当时社会的审美意识，丰富了人们的精神生活。

阅读链接

绿色是魏晋南北朝时期的特色釉，是青瓷系统的代表，与北方地区的白瓷交相辉映。此外，常用褐彩打破单一的青釉，使之更加活泼。这种装饰方法简单易行，适用面广，效果较好，所以被广泛使用。

用褐彩在器物表面上书写文字，是褐彩装饰的另一特色，这种装饰手法在后来的唐和五代时期大为盛兴，其字体形式为书法研究提供了可靠资料。

越窑晋瓷工艺多为上乘，釉色高古，质地醇素，极具品位。由于当时的工艺水平，所生产出的陶瓷在釉色上发生很丰富的变化，青色中有偏绿的、偏黄或偏灰的，与釉料成分、烧成火焰温度都有很大关系。

隋唐时期瓷器

我国白釉瓷萌芽于南北朝，发展于隋朝。隋朝的青釉、白釉瓷器施釉至腹部不到底，下半截无釉露胎，平底，纹饰有印刻扇形花瓣组成的团花、叶纹等。

到了唐代，河北省内丘县邢窑的白瓷，已经发展为青、白两大瓷系的主流。唐代早期的青、白瓷器物腹部丰满，平底无釉。唐代中、晚期出现少量圈足器及满釉器物。

五代十国时期的瓷器生产是在唐代名窑的基础上进行的。其造型多是沿袭晚唐风格，但制作较前精巧，品种也丰富多彩，其制作工艺取得了极大进步。

青瓷白瓷共存的隋代瓷器

581年，杨坚兼并北周和南陈，统一中原，结束了魏晋南北朝以来连年混战的局面。隋末大运河的开凿，也对我国南北经济文化的交流起了很大作用。

隋朝历史不足40年，却是一个承前启后的朝代，为大唐帝国的创建铺平了道路。在陶瓷方面，隋代陶瓷工艺也为一个新的陶瓷时代拉开了序幕。

隋以前烧瓷窑场主要都集中在长江以南和长江上游的四川地区，北方的烧瓷窑场极为稀少。

入隋以后，南北方瓷业才开始了飞跃性的发展，窑场及其烧制的瓷器明显增多，各种

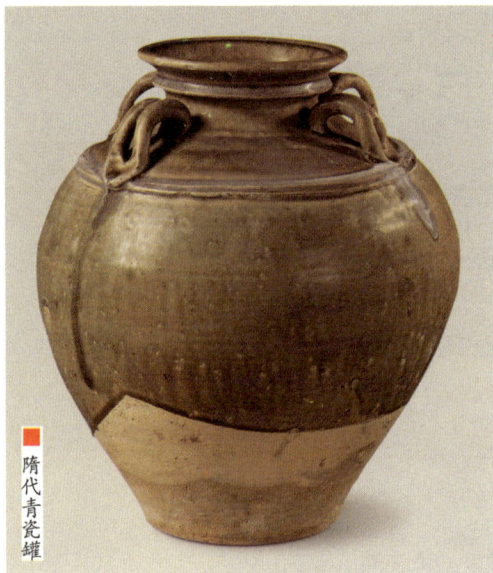

隋代青瓷罐

花色、风格、样式的瓷器开始呈现，形成各竞风流的局面。

　　隋代制瓷的中心仍在南方，但已有逐渐向北转移的趋势。陶瓷的生产继承了北方青瓷的传统风格，吸收了南方青瓷的特点，烧制出的器物品种明显增多，日用瓷器出现了过渡性的变化，胎体一般较为厚重，胎色以灰白色居多。

　　隋代瓷器的工艺技术取得许多成就，超越前代。瓷泥一般都经过淘洗，且掌握了控制原料中铁元素比例的技术。

■ 隋代青釉六系罐

　　隋瓷主要用支具支托叠烧，支具支托叠烧时，器物在窑内直接接触火焰，受窑内烟火熏染，釉面不匀，而且往往还粘上许多烟灰窑渣。

　　但是，这时已出现了筒形匣钵，虽未马上得到普及与发展，却也标志着烧瓷技术的又一次飞跃，逐渐使得瓷器制作与造型发生了很大变化。

　　胎壁由厚重趋向轻薄，底足由平底、饼形足变为玉璧形底、圈足，釉面不受窑内烟熏污染，从而保持了色泽的纯净，也使器物造型趋向于轻巧、精美。

　　在造型方面，隋代青瓷基本上继承了南北朝时期的造型，主要有四系或六系盘口壶和罐、龙柄鸡首壶、唾壶、多格盘、五盅盘、高足盘、瓶、砚、盘和碗等。

　　湖南省岳州窑烧制的青釉八棱形短流壶，是一种

杨坚 即隋文帝，隋朝开国皇帝。他在位期间成功地统一了百年严重分裂的中国，开创先进的选官制度，发展文化经济，使得中国成为盛世之国。是西方人眼中最伟大的中国皇帝之一。被尊为"圣人可汗"。

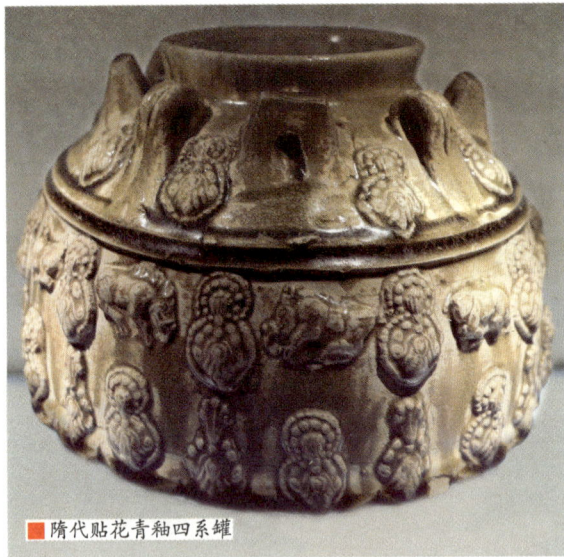
■ 隋代贴花青釉四系罐

新造型。安徽省淮南窑的青釉四系瓶，也为他窑所不见。而各地瓷窑都有青釉高足盘，则属隋瓷中的典型器物。

青瓷是隋代瓷器生产中的主要产品，但釉色还不稳定，这时的用釉仍属石灰釉，透明度强，釉面无论青绿、青黄还是黄褐均为玻璃质，在高温中流动性大，烧成后常呈流珠状，而且胎质坚硬，一般是器里满釉，器外施釉不到底，下半截露胎。

此时瓶罐类器物的装饰主要集中在肩部和腹部，一般用花朵、卷叶纹组成的带状图案。隋瓷装饰手法有印花、刻花、贴花、堆塑等，个别的也有加黑褐彩的，其中以印花较为多见，最富有代表性。

印花是在瓷胎未干时，用瓷土烧制成的阳文印模压成花纹，然后才施釉烧成。其纹样有团花、草叶、莲瓣、卷叶、波浪和弦纹等单独或复合形式，表现在立体器物的颈、腹部和高足盘的圆面上，看上去整齐、简朴、图案性强。此外，湘阴窑、淮南窑、安阳窑产品多采用印花装饰。

隋代青瓷仍以越窑为主，典型器物有越窑莲纹四系罐，直口，溜肩，扁圆腹，实足。肩部安四方形桥系，呈对称分布。器外壁贴塑两层倒置莲瓣，采用浮雕的装饰手法，富有立体感。施青釉，底部不施釉。

隋代青瓷器的典型之作是青釉兔钮莲瓣纹权，高12厘米，底径12.7厘米。权平底，底心有一圆孔，中空，顶部饰一兔钮。器身薄施一层青釉，釉色泛黄，施釉不到底。外壁模印莲瓣纹一周，上为6组团花，间以条纹。

此权造型端庄，兔形钮栩栩如生，釉面玻璃质感强，开细碎片纹，模印之纹饰清晰，布局规整，线条流畅，富于艺术美感。

隋朝时期，北方制瓷业有了新的发展，制瓷区域大部分集中在河南、陕西、河北、山东等省。隋代北方青瓷窑口有河北贾壁村窑，河南安阳窑、巩县窑，安徽淮南窑等。

它们的胎釉特点是：胎骨厚重，胎土经过淘洗，胎色多为灰白色。其中淮南窑瓷胎较粗，釉的玻璃质较强，透光度好，釉面常有纹片，外壁多施半釉，有流釉现象，釉色青绿或微闪黄。

隋代还生产了大量质量较高的白瓷，以北方河北邢窑的白瓷最为突出，它与南方越州出产的青瓷交相辉映，北方瓷业的发展为以后唐宋瓷业南北遍地开花、名窑迭出的繁荣局面开了先河。

但这时的白瓷釉不是真正的白色，而是透明的玻璃釉罩在白胎上。器物胎质较白、釉面光润，已基本上看不到如南北朝白瓷中泛青或闪黄的痕迹。

这种在瓷胎上成功采用白色化妆土的工艺，是隋代制瓷技术

权 我国古代度量衡中的衡器，是称重量的器物，俗称"秤砣"，是悬挂秤杆之上可以移动的砝码。衡为杆，权为砣。权衡这个词就是这样引申出来的。在封建社会为了征收赋税，称量财物，支付黄金以及铸造钱币等，就需要各种权衡器。权的材质有铁、铜、瓷、石等。

■ 隋代青釉带盖唾壶

的重要成就之一。即在上釉之前，精选含铁成分少的白瓷土细密地挂在坯上，对白瓷釉色透明度的提高和呈色的稳定起着重要的作用。

隋白釉龙柄双联瓶是北方白瓷的代表。双瓶相连，以龙为柄，龙张口，双双衔住瓶口，造型生动。此瓶胎色较白，质地坚硬，施釉不到底，釉层薄而微微泛黄。自北朝北齐出现长颈瓶以来，至隋代瓶式更为丰富，以后历代均有烧造，造型各不相同。

另外，从608年李静训墓中，也发现了如白瓷双系螭把鸡首壶等一批白釉瓷器，较之北齐范粹墓发现的白瓷，釉质已有较大提高，全不见早期白瓷白中闪黄或闪青的痕迹，是代表隋代白瓷发展面貌的珍贵资料。

华美的瓷器

阅读链接

隋朝虽然历史较短，但国家统一局面的形成，为瓷器生产在南北方各地的普遍发展创造了条件。

隋瓷烧造品不仅大大增加，而且器形多种多样，既有各种生活用具，如碗、盘、瓶、壶、盆、杯、盒、钵、炉、灯、缸、罐、烛台、唾盂等，也有用于娱乐文房之器，如棋盘、砚台、水盂等。

虽然随葬用的明器还多有制作，诸如生肖俑、镇墓俑、武士俑、官吏俑、房屋、井台、柜橱等，但涉及人们生活的许多器物，逐渐从南北朝时期的明器转向实用器发展。

多种风格并存的唐代瓷器

同文化艺术和工艺技术的繁荣昌盛相一致，唐代瓷器的制作与使用更为普及，瓷器的品种与造型新颖多样，其精细程度远远超越了前代。

在发展中形成了"南青北白"的两大瓷窑系统。南方地区主要烧制青瓷，以浙江越窑为代表；北方地区主要烧制白瓷，以河北邢窑为代表。

唐代越窑青瓷的釉色晶莹清澈，青翠莹润，得到唐

唐代越窑青瓷瓶

华美的瓷器

■ 唐代越窑青釉瓜棱壶

代诗人的赞美。

陆龟蒙诗云：

九秋风露越窑开，夺得千峰翠色来。

这脍炙人口的诗句中所指的"越窑"就是浙江余姚上林湖周边地区的唐代瓷窑，而诗句中的"千峰翠色"则是指上述瓷窑中烧制出来的青瓷釉色。

诸如此类的还有孟郊诗"越瓯荷叶空"、许浑诗"越瓯秋水澄"等，茶圣陆羽也称越窑青瓷"类冰""类玉"。

唐代越窑瓷器的胎质细腻，釉层均匀，滋润光滑，如冰似玉，其釉色如"千峰翠色"般碧绿迷人，赢得了上至王公大臣，下至黎民百姓的深深喜爱。

唐代越窑的代表作品青釉瓜棱壶，高20.4厘米，口径8.9厘米，足径9.4厘米。壶撇口，束颈，溜肩，长圆腹，圈足。

通体呈四瓣瓜棱形，肩部一侧置短流，另一侧置曲柄，与流、柄成"十"字形的颈、肩之间置双系。通体内外及圈足内均施青釉。此壶造型圆润饱满，釉质润泽。

最精细的越窑青瓷被称为"秘色瓷"，仅供给皇家御用。其代表作就是陕西省扶风县法门寺地宫的"秘色瓷"。

法门寺系唐高祖李渊定名，寺中供奉佛指舍利。这枚舍利是佛门至宝，由7个函套装着，最里面的函装着舍利。所有的物品都是当时埋在地宫中的，文字写得清清楚楚，一共发现了2499件遗物，其中最重要的就是明确了秘色瓷是什么样子。

唐代的法门寺在做佛事的时候非常隆重，皇上亲自主持仪式，所以法门寺里埋的一定都是最高等级的东西。当时秘色瓷一共埋了14件，地宫里的《衣物账》上注明：

瓷秘色碗七口，内二口银棱；瓷秘色盘子叠子共六枚。

其中地宫门口有一件秘色瓷八棱净水瓶，高14.3厘米。此瓶除足端无釉露出致密的浅色灰胎外，通体满釉，釉面晶亮莹澈，色泽青绿温润，代表了越窑工艺的最高水平。

其余13件都放在一个大盒子里，其中两件银棱秘色瓷碗，高7厘米，口径23.7厘米，碗口为五瓣葵花

法门寺 位于陕西省宝鸡市扶风县法门镇。据传始建于公元68年，周魏以前原名叫阿育王寺，隋改称成实道场，唐初改名法门寺，被誉为皇家寺庙，因供奉释迦牟尼佛指骨舍利而成为举国仰望的佛教圣地。法门寺珍宝馆拥有出土于法门寺地宫的2000多件国宝重器，为世界寺庙之最。

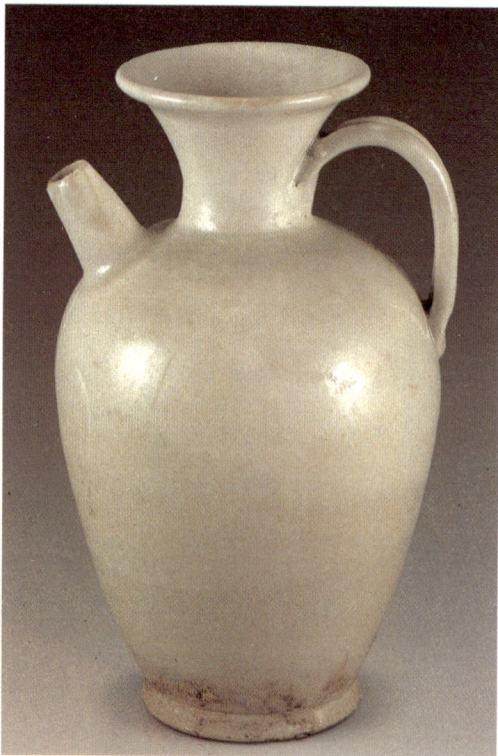
华美的瓷器

■ 唐代白釉执壶

形，斜壁，平底，内土黄色釉，外黑色漆皮，贴金双鸟和银白团花5朵，非常精美。

还有一件贴着金银箔的装饰盘子，称为金银平托。在古代，金和玉被看作最高级的材质，把瓷器烧成玉色，又在上面加饰金银，可见地位之高。

越窑青瓷代表了当时青瓷的最高水平。除越窑外，烧制青瓷的还有浙江境内的瓯窑、婺窑，安徽境内的寿州窑，湖南境内的岳州窑、长沙窑等。

唐代除形成了以浙江越窑为代表的青瓷外，还有以河北邢窑为代表的白瓷系统，这两大瓷窑被称为"南青北白"。

文献记载 "内丘白瓷瓯……天下无贵贱通用之"。这里的"内丘"就是指盛产"白瓷瓯"的河北内丘县的邢窑。

邢窑生产瓷器的主要特征是"白如雪"。邢窑的白瓷又有粗细之分，而以粗者居多，细者少数。细白瓷胎骨坚实、致密，釉色细润洁白，厚处呈水绿色。粗白瓷胎质较疏松，胎外均敷化妆土。

邢窑白瓷不仅广销国内，而且还远销海外，故"天下贵贱通用之"并非夸张之词。

有一件唐白釉盉斗，高9.9厘米，口径12厘米，足径6.9厘米。多斗口外撇，口沿呈漏斗形碗状，扁圆腹，平底。器里外施白釉，底无釉。此件胎质洁白细腻，釉色莹润雪白，造型规整大方，在唐代白瓷中属上乘之作。

唐代由于经济文化的发达，制瓷业得到了迅速的发展，瓷器品种与造型新颖多样，白瓷作品中出现了新型的瓷塑。

唐代黑釉执壶

如唐白釉狮子，高10.8厘米，底径6.3厘米。狮子昂首，两眼凸起，双耳直立，张口露齿，长须卷发，前腿直，后腿曲，尾上卷，伏卧于台上。狮的眼睛及腿部均点以褐彩。台为长方形，上下垂直，四周施褐色釉，深处呈黑色。此件白釉狮子姿态雄健，浑厚古朴，为唐代瓷塑艺术的一件杰作。

邢窑白瓷代表了当时白瓷的最高水平。除了邢窑外，唐代北方生产白瓷的瓷窑还有河北境内的曲阳窑，河南境内的巩县窑、密县窑，山西境内的浑源窑等。

另外，陕西省乾县懿法太子墓发现一件唐绞胎骑马俑，人和马全是绞胎处理，十分罕见，也是唯一的绞胎瓷塑。

在南方，江西景德镇和四川大邑窑也都有白瓷生产。如在江西景德镇梅亭发现的唐代白碗，白瓷工艺已经十分高超了。

唐代无论青瓷、白瓷，其品种新颖多样，茶具、餐具、文具、玩具以及实用的瓶、壶、罐、碗等几乎无所不备；造型浑圆饱满，精巧而有气魄，单纯而富变化。

黑釉瓷也是唐代瓷器中的重要品种，河南省是发现唐代黑瓷最多的地区，巩县发现的有瓶、壶、碗、盘等，一般器形较小，给人以纯朴厚重感。

唐代黑瓷代表作品是塔式黑罐，集中了镂空、堆贴等技法，座上雕镂神像、人物和花卉，盖顶塑一小猴，形态天真活泼，是北方黑瓷的优秀作品。

六朝至唐代，我国与西亚各国文化交流频繁，波斯的一种鸟首壶传到我国，影响所及，在唐代的青瓷、白瓷及三彩釉陶中出现了凤首壶，其中以青釉凤首龙柄壶最为精美。

青釉凤首龙柄壶通高41.3厘米，口径19.3厘米，足径10.2厘米。壶盖与壶口吻合呈凤头状，使得壶整体颇似一只挺立的凤鸟。壶柄塑成一直立的蟠龙，龙口衔住口沿，作窥视探饮状，前肢撑于壶肩部，后肢立于喇叭形底座上。

唐代的瓷器，华丽中透着典雅，典雅中又不忘增添几分光华与锋芒，所以，典雅与华美，在唐时期的瓷器艺术上，才完全做到了相辅相成，相得益彰。

阅读链接

早在东汉时期，古人就在昌南，即现在的景德镇建造窑坊，烧制陶瓷。到了唐朝，由于昌南土质好，先人们又吸收了南方青瓷和北方白瓷的优点创制出一种青白瓷。青白瓷晶莹滋润，有假玉器的美称，因而远近闻名，并大量出口欧洲。

18世纪以前，欧洲人还不会制造瓷器，因此中国特别是昌南镇的精美瓷器很受欢迎。在欧洲，昌南镇瓷器是十分受人珍爱的贵重物品，人们以能获得一件昌南镇瓷器为荣。

因此欧洲人就以"昌南"作为瓷器China和生产瓷器的"中国"China的代称，久而久之，欧洲人就把昌南的本意忘却了，只记得它是"瓷器"，即"中国"了。

宋元明清瓷器

陶瓷业至宋代得到了蓬勃发展,并开始对欧洲及南洋诸国大量输出。以钧、汝、官、哥、定窑为代表的名窑在全国各地兴起。

元朝时枢府窑出现,景德镇开始成为我国陶瓷产业中心,其名声远播于世界各地。

明朝时期,景德镇的陶瓷制造业在世界上独占鳌头,在工艺技术和艺术水平上突出,尤其青花瓷达到了登峰造极的地步。

康雍乾时期陶瓷业最为辉煌,工艺技术复杂的产品多有出现,各种颜色釉及釉上彩异常丰富。清晚期,陶瓷制造业渐趋退化。

以五大名窑为主的宋代瓷器

宋代是我国瓷器空前发展的时期，出现了百花齐放，百花争艳的局面，瓷窑遍及南北各地，名窑迭出，品类繁多，除青、白两大瓷系外，黑釉、青白釉和彩绘瓷纷纷兴起。

宋朝瓷器，以其古朴深沉，同时又千姿百态、各竞风流的气象为我们中华民族在世界工艺发展史上矗立起一座让世人景仰的丰碑。

宋代瓷器突破了"南青北白"的局面，品类繁多，器型多样。最受欢迎的有"梅瓶""玉壶春"等。而且釉色优美，高贵朴实，有类玉的效果，以单色瓷为主，体现了儒家文化所提倡的简洁素雅之

北宋越窑青釉刻花执壶

美，有明显的民族精神体现。

宋代工艺美术种类中，瓷器成就最高。举世闻名的汝、官、哥、定、钧五大名窑的产品为世所珍，还有耀州窑、湖田窑、龙泉窑、建窑、吉州窑、磁州窑等产品也是风格独特，各领风骚，呈现出欣欣向荣的大好局面，是我国古代陶瓷发展的第一个高峰。

如果按地域来分，宋代陶瓷窑大致概括为6个瓷窑系，分别是北方地区的定窑系、耀州窑系、钧窑系和磁州窑系；南方地区的龙泉青瓷系和景德镇的青白瓷系。

这些窑系一方面具有因受其所在地区使用原材料的影响而具有的特殊性，另一方面又有受当时时代的政治理念、工艺水平制约而具有的共同性。

河南省宝丰县清凉寺的汝窑属北方青瓷体系，以食具为大宗，瓷器品种以青釉瓷为主，兼烧钧窑系青瓷。青瓷的器类以盘、碗居多，样式简单。

汝窑的装饰绝大部分青瓷饰以印花，刻花极少，另有光素无纹饰者。印花纹样均饰于盘、碗器内壁，花纹廓线凸起，以点线纹勾勒叶筋为其特点。题材以花卉为主，菊花、牡丹最多，还有枝叶纹、海水纹等，常用缠枝式或折枝式布局表现多彩的花姿。

如汝窑天青釉三足樽承盘，高4厘米，口径18.5

■ 宋代青白釉执壶

儒文化 又称儒学、儒家学说，或称儒教，是我国古代最有影响的学派。作为华夏固有价值系统的一种表现的儒家，并非通常意义上的学术或学派，它是中华法系的法理基础，是我国的基本文化信仰。儒家最初指的是冠婚丧祭时的司仪，自春秋起指由孔子创立的后来逐步发展以仁为核心的思想体系。

厘米，足距16.9厘米。承盘圆口，浅腹，平底，下承以三足。里外施天青色釉，釉面开细碎纹片。外底满釉，有5个细小支钉痕。

清乾隆皇帝收藏后，曾为其题诗一首，由宫廷玉作匠师以楷书镌刻于器物外底。诗道：

紫土陶成铁足三，寓言得一此中函。

易辞本契退藏理，宋诏胡夸切事谈。

后署"乾隆戊戌夏御题"。此器造型规整，釉呈淡天青色，柔和温润。它应与三足樽配套使用，用以承放三足樽。

官窑由官府直接营建，为皇家自办，烧制御用瓷器以"紫口铁足"成为瓷器精品，并有北宋官窑、南宋官窑之分。

官窑瓷器虽然在宋代瓷器中只占极少数，但是由于其所处地位和具备的优越条件，使它在当时烧造了一批宫廷所需的高档瓷器。

官窑产品以宫廷生活用瓷与陈设瓷为主，有碗、盘、碟、盏托、洗、瓶、炉、尊等，样式多种。瓶有弦纹瓶、直颈瓶、瓜棱瓶、贯耳瓶、胆式瓶、八方瓶、盘口瓶等，造型各有特点。

■ 宋代白釉提壶

官窑青瓷闻名于世，北宋汴京官窑青瓷继汝窑烧造，其形制、釉色、工艺与汝窑有共同之处。《格古要论》说汴京官窑器"色好者与汝窑相类"。

器多仿古，釉色有淡青、粉青、灰青等多种色调，釉质匀润莹亮，大纹片，胎骨深灰或紫色，满釉裹足支烧，器底有支钉痕。

如官窑青釉圆洗，高6.4厘米，口径22.5厘米，足径19厘米。洗敞口，器身近直，洗里坦平，圈足矮宽，底部边沿露胎无釉。造型端庄典雅。通体施青釉，釉呈粉青色，纯净莹澈。釉面上，金丝般的开片纵横交织，片纹间又闪现出条条冰裂纹，优美和谐。

这件官窑圆洗是宋时宫廷御用器，在造型、工艺及装饰技巧方面都十分考究，尤以釉色及片纹突出。在釉层较薄的器口或未被釉层遮盖的器底部分，形成"紫口铁足"，使器物愈显古朴庄重。

清代乾隆皇帝尤为喜爱，曾为此洗拟诗一首，由皇家玉作匠师以楷书镌刻于洗之外底。诗道：

修内遗来六百年，　喜他脆器尚完全。
况非髻垦不入市，　却足清真可设筵。
讵必古时无碗制，　由来君道重盂圆。
细纹如拟冰之裂，　在玉壶中可并肩。

下署"乾隆御题"。

南宋官窑是北宋汴京官窑的继续，郊坛官窑考古发掘的资料表明，南宋早期的青瓷产品，为薄胎薄釉青瓷，胎薄质细，色黑褐或深灰，釉色以粉青为主，兼有青灰、青黄和炒米黄等色调，釉层薄而润泽，有纹片，满釉支钉装烧，器底有圆形支钉痕，工精质高。

南宋官窑青瓷的形制、胎、釉和支烧工艺都与北宋汝、官窑青瓷特点相类，确为"袭故宫遗制"。

南宋后期官窑青瓷的烧造追求玉石质感，改变制瓷工艺，创用素烧胎多次上釉二次烧成的厚釉工艺，制出薄胎厚釉青瓷，釉质如玉石般的光亮莹润，釉面上显露横竖交织的蟹爪纹片或层层叠错的冰裂纹片，有说不尽的奥妙。

■ 南宋官窑粉青釉胆式瓶

郊坛官窑烧制的青瓷器物除碗、盘、洗外，又多仿周、汉时期青铜器式样。

如宋官窑弦纹瓶，洗口，长颈，硕圆腹，圈足，颈至腹部凸起弦纹数周，圈足两侧有对称的横孔，古朴端庄，为仿汉铜壶的式样。

再如官窑贯耳瓶，高22.8厘米，口径8.3厘米，足径9.6厘米，即仿自古代青铜投壶造型，直口阔腹，瓶侧筒状贯耳与足部两侧长方孔相对应，可以穿系绳带。此瓶釉色厚润，端庄典雅，是宋代瓷器中的珍品。

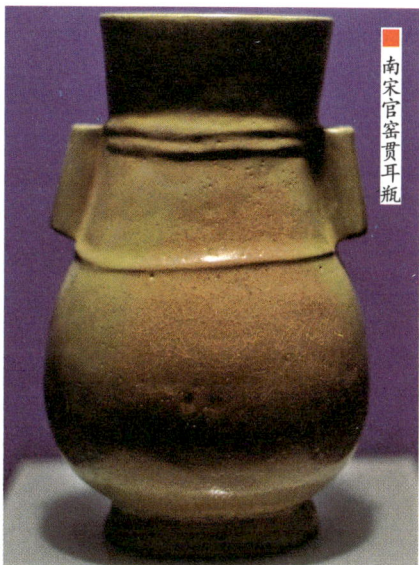

青瓷体系的钧窑位于河南省禹县，钧窑系青瓷盘、碗、洗等器物的釉色有青绿、月白、天蓝，色泽纯正，釉质滋润。

宋钧窑天蓝釉红斑花瓣式碗，高4.8厘米，口径9.5厘米，足径3.5厘米。碗呈花瓣状。口内敛，器里凸起、器外凹进10条棱线，将碗自然分成十花瓣形，圈足。通体釉色为天蓝色，其上显现几块紫红斑块，上有铁质斑点结晶。

此碗造型别致，宛如一朵盛开的花朵，妩媚多姿。蓝、紫相间的釉色，又如同天空中飘浮的彩云。

这件碗也表现了在钧窑中最重要的窑变现象，即釉中所含各种呈色元素铁、铜等，在窑中烧制时，由于火焰的性质和温度高低的不同，所成的釉就具有各种不同的颜色，五光十色，光彩夺目，突破了以往青、白瓷的单纯色调。

如钧窑月白釉瓶，高28厘米，口径4.8厘米，足径7厘米。瓶唇口，口沿微撇，长颈，颈部上宽下窄如喇叭形，圆腹下垂，圈足。通体施月白釉，口沿处釉薄微显胎色，足边呈酱色。此瓶造型别致，釉色匀净，为民窑中较好的作品。

钧窑窑变瓷器精品再如玫瑰紫釉尊，高18.4厘米，口径20.1厘米，足径12厘米。尊仿青铜器式样，口沿外撇，直颈，鼓腹，圈足。器内外通体施铜红窑变釉。

口沿下至颈部以天蓝釉为主，晕散数道玫瑰紫红釉。腹部则主要

华美的瓷器

■ 宋代钧釉胆式瓶

施玫瑰紫红釉。器内兼施玫瑰紫与天蓝色釉。底刻"六"字款并有5孔。

此尊造型端庄规整，釉色如晚霞般柔和典雅。在蓝紫融汇、交织变化的釉色中，呈现蚯蚓走泥纹，使器物更增自然之美感。此尊应为宫中植花用的花盆，是宋代传世钧窑瓷器中的精品。

宋代白瓷体系最著名的是定窑和磁州窑，定窑在河北省曲阳县，是宋代北方著名瓷窑。北宋是定窑发展的鼎盛时期，曾经专门为宫廷烧造贡瓷，因此身价倍增。

定窑的白瓷装饰，有刻花、划花和印花，以印花最精。它的特点是：布局严谨，层次分明，线条清晰，工整素雅，密而不乱，讲求对称。它的胎色白色微黄，较坚致。釉色滋润莹泽，特点是有蜡泪痕。

其中定窑孩儿枕是烧制最为精美的一种瓷枕。瓷枕是我国古代的夏令寝具。古人认为瓷枕"最能明目益精，至老可读细书"，所以无论富贵贫贱都极喜好。

瓷枕最早创烧于隋代，唐代以后开始大量生产，并逐渐成为人们喜爱的床上枕具。

到了两宋及金、元时期，瓷枕的发展进入了繁荣期，产地遍及南北，造型非常丰富。

定窑孩儿枕制作精奇，匠师把瓷枕处理成一个伏俯在榻上的男孩，男孩的头斜枕于交叉的手臂上，脸向右侧，表情稚朴天真，大眼睛、宽脑门，肥大的双耳、饱满的耳垂和小巧挺直的鼻子构成了我国理想的"富贵"形象。

宋代孩儿枕

男孩的右手持一绣球，身穿绣花绫罗长衫，外罩坎肩，下穿长裤，足登软底布鞋，向人们展示了宋代服饰的特点。男孩的卧榻四周雕饰螭龙、如意纹饰，精致华美。

由于人物雕塑栩栩如生，神情状貌表现得恰到好处，加上瓷胎细腻，釉色白中发暖，如象牙般均匀滋润，瓷枕整体给人以柔和温馨的美感。

定窑孩儿枕做成男孩形状，或许寓意"宜男"。它清凉沁肤，爽身怡神，颇受人们的喜爱。

此枕以婴孩的脊背作枕面，颇具匠心。其雕塑手法细腻入微，生动地表现出孩童的体态神情，凝聚了匠师倾注的真、善、美。

北宋定窑瓷器精品还有北京先农坛发现的白釉瓜棱提梁壶，通高15.3厘米，口径1.7厘米，壶口下凹，短流，圈足。

壶身呈六棱瓜瓣形，提梁仿藤编样式，前端分成3股，每股前端有模印的花卉片饰与壶体相接，尾部也是同样装饰，小巧而别致。全器满施白釉，白中泛黄，此种造型的壶在宋、辽时期北方地区较为流行。

宋代时，磁州窑则以白地黑花剔刻装饰最有特色，八方形枕是磁

瓷国气象

宋元明清瓷器

州窑常见的枕式，在窑址调查中发现有专门烧这种枕的窑。

八方形枕的装饰纹样多为折枝花鸟、莲池游鸭、鸡、兔等，具有浓厚的生活气息。

有件磁州窑白地黑花八方枕，高12厘米，枕面长32厘米，宽23厘米；底长31厘米，宽21.5厘米。枕八方形，面、底出沿，枕壁棱角处有8条竹节状突起，背面有一通气孔，素底无釉。

枕面白地上以黑彩描绘折枝牡丹一枝，并在花瓣、花叶上刻画出筋脉。枕面周边描绘黑彩边框，枕面画面精细生动。

青瓷系列的还有南方的哥窑与龙泉窑，龙泉窑又称弟窑，都位于浙江省龙泉县，创始人是兄弟俩，哥哥叫章生一，弟弟叫章生二。

哥窑瓷器最大特点是瓷器通体开片，开大片为"冰裂纹"，开细片为"鱼子纹"，极碎为"百圾碎"，若裂纹呈黑、黄两色，则称为"金丝铁线"。

宋哥窑精品的青釉弦纹瓶，高20.1厘米，口径6.4厘米，足径9.7厘米。瓶撇口，口沿隐现酱紫色，细长颈，扁圆腹，圈足，颈及肩部凸起弦纹4道。器里外及底心满釉，釉面开"金丝铁线"片纹，底足露胎处呈酱褐色。

宋代定窑白瓷枕

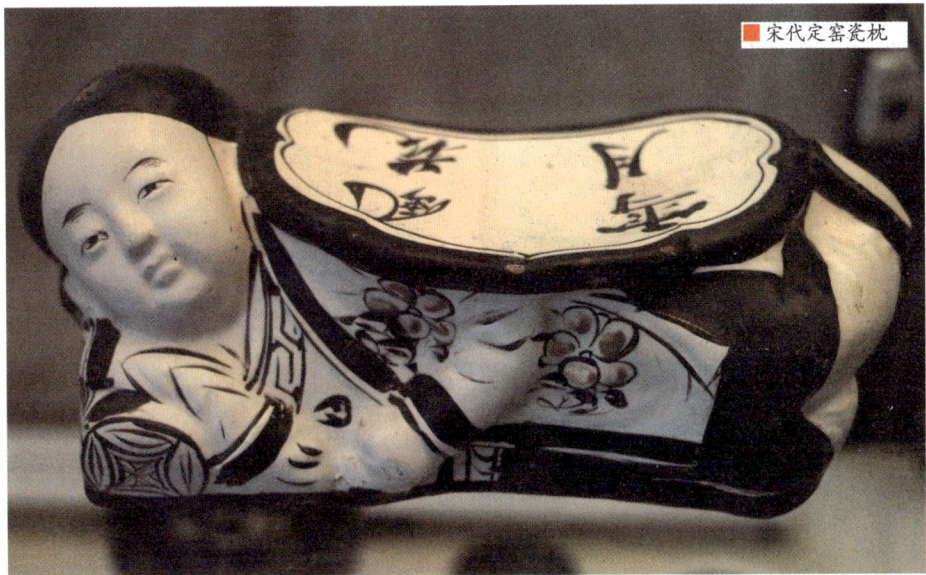

此瓶颈部细长，腹部虽鼓而不显臃肿，整体具有一种纯朴、典雅的艺术效果。

龙泉窑为宋代南方民间名窑之一，有烧窑遗址数百处，以大窑、金村两地窑址存世最多，烧瓷质量最精。始烧于北宋早期，南宋中期以后窑业极盛。

龙泉窑早期产品在器型、装饰、釉色各方面与越窑、温州窑、婺州窑相似。南宋中期逐渐形成自己的风格，南宋晚期窑业大发展，对浙江、江西、福建境内的窑业产生影响。形成烧制龙泉风格的青瓷窑系，产品畅销南北各地，并远销东亚及东非、阿拉伯诸国。

龙泉窑产品以民间生活日用青瓷为主。北宋青瓷胎色灰白，釉色艾绿，釉质薄匀晶莹，多以刻花、篦点或篦划装饰技法，表现波浪、蕉叶、团花、缠枝花、流云、婴戏等纹样。还有塑贴纹饰。

龙泉窑瓷器类型以碗、盘、壶等为主，也有少量的盆、钵、罐、瓶等。造型端庄，制作工整，器底旋削平滑。

如龙泉窑青釉刻花牡丹纹瓶，在匀称的瓶体上，刻画枝茎缠绕的牡丹花，以篦划的细密线表现花筋叶脉，肩、颈部以覆莲瓣纹作衬

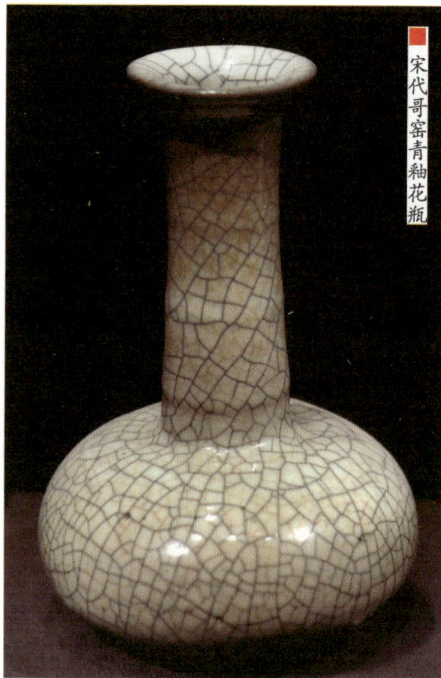
宋代哥窑青釉花瓶

饰，整器上花纹满布，层次分明，主题纹样丰满鲜明，是北宋龙泉青瓷的代表作。

南宋中期的龙泉青瓷，釉色多淡青，釉质晶亮透明，多为刻花，篦纹渐少。青瓷器类新增多种式样的炉、盆、耄斗等，器物底部厚重，圈足宽阔浅矮，造型淳朴稳重。

南方青白瓷窑的另一代表是景德镇窑，带铭记的盒子在宋代景德镇窑的产品中比较常见，是不同的作坊在各自产品上所作的标记，以起到广告宣传的作用，一般均为印在盒子外底的"□家盒子记"阳文一行款，而且"盒"均写作"合"。

计有"段、许、蔡、吴、汪、蓝、朱、徐、程、张、余、陈、潘"13家。这种带作坊名称标记的青白瓷盒从一个侧面反映出当时商品竞争之激烈。

如景德镇窑青白釉印花盒，通高3.4厘米，口径5.2厘米，底径4.8厘米。盒呈菊瓣形，子母口，平底，造型精巧别致。盖面印有密集的锦纹，纹饰模糊不清。盒里外施青白釉，施釉不到底，露胎。外底印有"蔡家盒子记"。

宋代除了青瓷和白瓷，另外还有黑瓷系列，瓷呈纯黑色，主要有福建建阳县水吉镇的建窑和江西吉安永和镇的吉州窑。

建窑始于唐代，早期烧制部分青瓷，至北宋以生产兔毫纹黑釉茶盏而闻名。兔毫纹为釉面条状结晶，有黄、白两色，称金、银兔毫；

有的釉面结晶呈油滴状，称鹧鸪斑；也有少数窑变花釉，在油滴结晶周围出现蓝色光泽。

该窑生产的黑瓷，釉不及底，胎较厚，含铁量高，故呈黑色，有"铁胎"之称。宋代著名书法家也是茶学家的蔡襄在《茶录》中道：

> 茶色白，宜黑盏，建安所造者绀黑，纹如兔毫，其坯微厚，燨之，久热难冷，最为要用。出他处者，或薄或色紫，皆不及也。其青白盏，斗试家自不用。

可见，宋代盛斗茶之风，又视建窑所产茶碗为最佳之器。

吉州窑始于五代，兴盛于宋，所烧瓷器品种极为丰富，如白釉器仿定窑，青釉器仿龙泉窑，白釉彩绘及黑釉器可与磁州窑、建阳窑产品相媲美。其中尤以黑釉器变化多端，如玳瑁釉、描金彩绘、剔划花纹、黑釉褐斑及蓝斑等各具特色。

如吉州窑玳瑁釉碗，高5.3厘米，口径10.6厘米，底径3.4厘米。

此碗釉面是在施黑釉时添加一些淡黄釉，经窑火焙烧，不同颜色的釉层在高温下相互浸润，烧成后淡黄釉色在黑釉底色衬托下蜿蜒浮现，似行云流水，宋代称它为玳瑁釉，是吉州窑主要品种之一。

吉州窑还有一种特色瓷为白地黑花瓷，这种装

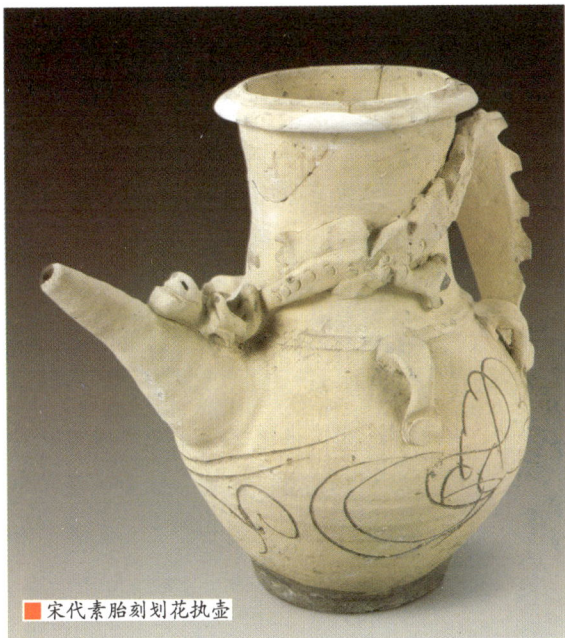
■ 宋代素胎刻划花执壶

宋代哥窑戟耳炉

饰技法源于北方磁州窑，但又具有地方特色。吉州窑白地实为土黄色，黑花实为褐色。纹饰布局多以开光形式出现，常见奔鹿纹、花草纹。

有一件吉州窑白地黑花瓷罐，高10.5厘米，口径10.5厘米，足径6.3厘米。罐广口，圆唇，直颈，扁腹，圈足。颈及足部褐彩绘多道弦纹，肩颈之间一周黑地白点纹。

除罐以外，白地黑花器物还有瓶、壶、炉、尊等。

阅读链接

宋顾文荐《负暄杂录》记载"宣政间京师自置窑烧造，名为官窑"。据此可知，北宋后期在汴京设官窑，称"汴京官窑"，亦称"北宋官窑"。

宋高宗南渡以后，便在临安另立新窑，成为南宋的官窑。宋叶《坦斋笔衡》记载"中兴渡江，有邵成章提举后宛，号邵局，袭故官遗制，置窑于修内司，造青器名内窑，澄泥为范，极其精致，油色莹澈，为古所珍。后效坛下别立新窑，比旧窑大不伴矣"。

此文表明，南宋初营建的"官窑"有二：一是"修内司官窑"，亦称"内窑"，明高濂《遵生八笺》说，修内司官窑的地点在杭州凤凰山下；二是"郊坛官窑"，位于杭州市南郊乌龟山一带，亦称"乌龟山官窑"。

创制绝世青花的元代瓷器

1206年成吉思汗建立蒙古汗国。1271年忽必烈改国号为"大元"，取《易经》中"大哉乾元"之意。1279年统一全国。

元代瓷器明显具有草原民族的独特风格，在瓷器的器物器形上都新创烧了许多蒙古族特有的器物类型。其创烧的单色釉也比前代精美。并设立枢府专门管理烧造瓷器，枢府烧出的白瓷为甜白釉色，被后世称为"枢府瓷"。

而且，此时的对外贸易、中西文化交流频繁，开始烧造大量瓷器外销。

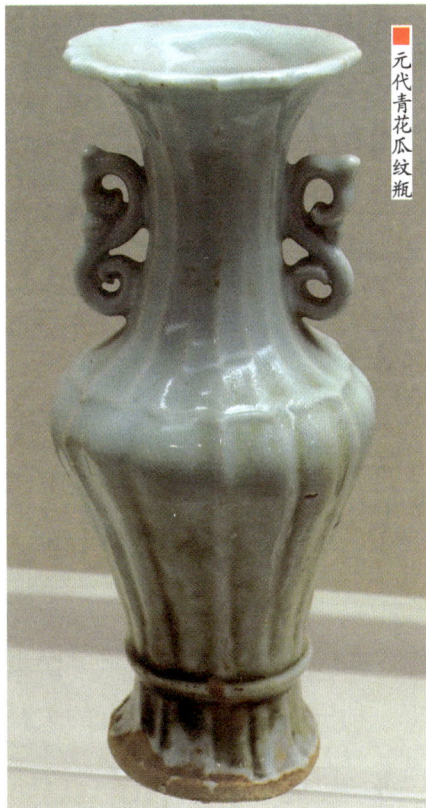

■ 元代青花瓜纹瓶

华美的瓷器

元代孔雀绿釉梅瓶

元代盛行大量烧造的青花瓷大多是提供外销到中东众多伊斯兰国家。

在创烧众多新品种时，继承和发展了宋代的钧窑和龙泉窑，釉色肥厚圆润，器形圆壮。很多地方都有明显的吸收汉文化的特点。

元代河南省禹县继续烧造钧瓷，和宋、金不同的是元钧瓷的胎子更厚，更粗糙、疏松。有砂粒及砂眼，胎子颜色深灰。胎釉结合不如宋钧紧密、釉子略粗，有大气泡和宗眼。

颜色一般是浅淡的月白色或蓝灰色，个别器物上有紫红色彩斑，是人工有意涂抹而不是釉中所含铜元素在高温中的自然晕散。釉厚，自然垂流不到底，底足无釉，露深黄色或浅褐色胎。

元钧瓷一般光素无纹、炉、罐、瓶等立器有的模印贴花或堆塑纹饰，由于釉厚，纹饰模糊不清。元钧瓷常见有盘、碗、罐、炉、瓶、盆等。

如元钧窑三足双耳炉，炉通高39厘米，直径25厘米，双耳，3个兽头足，在炉的前面和背面均有铺首纹饰，在炉的口沿外部有兽纹，兽的尾巴穿过炉耳成为炉耳装饰，在炉的口沿处及一个铺首纹饰上还有红斑。

元代磁州窑瓷器的胎子厚重，略显粗糙，多灰黄色，施白色化妆土、釉子白中闪灰黄，有的欠精细光润，黑彩多闪黄褐色。装饰以素白瓷、白釉黑花为主。

宋代出现的在黑彩上画纹饰的装饰方法，元代也有，一般用于在鱼、龙身上画鳞片或在雁、凤身上画羽毛。也有黑釉铁锈花、白釉黑花瓷上又罩低温孔雀蓝釉的，后者由于温度较低，釉子极易肃秒。白釉绘黑花瓷器纹饰常见的有龙凤、云雁、鱼藻、卷云、花卉、婴戏、人物故事、花鸟、诗句等。

元代磁州窑瓷器的器型较大，多碗、盘、罐、瓶、枕、盆、扁壶、玉壶春瓶、高足碗等。如元磁州窑浮雕龙纹大罐，高65厘米，口径16厘米，底径26厘米，最大腹径达140厘米。

青白瓷是宋代景德镇主要品种，元代继续烧造，但胎、釉、造型、装饰方法等和宋代有所不同。元代青白瓷的胎子很白，坚致，细密，胎体较厚；施釉略厚，白中透青，不透明，除了部分光素无纹的以外，也有用刻、划、堆塑、点彩、镂雕等方法装饰的。

常见刻蚜纹饰有云龙、卷枝、卷草、牡丹、莲瓣等；或在盘和碗内心凸印朵花，堆塑常用于器盖或器身的装饰。

元代青白瓷器型较多，除了日常用的盘、碗、高足杯、瓶、罐、炉以外，还有一些新器型如葫芦形的执壶、扁执壶、多穆壶、匜、砚滴、笔山等。体型通常厚重饱满，瓶、罐等器下腹

匜　我国先秦礼器之一，我国古代贵族举行礼仪活动时浇水的用具，用于沃盥之礼，为客人洗手所用。匜最早出现于西周中期，流行于西周晚期和春秋时期。周朝沃盥之礼所用水器由盘、盉组合变为盘、匜组合。匜的形制有点类似于现在的瓢。为了防止倾倒，底部铸有三足、四足，底部平缓的无足。

■ 元代白地黑花婴戏纹罐

华美的瓷器

■ 元代耀州窑青釉刻花玉壶春瓶

和胫清瘦，盘、碗体大而圈足小，都有头重脚轻的感觉。

元代龙泉窑的生产规模比宋代扩大了四五倍，产量很高，除了民用，主要外销。元代龙泉窑瓷器的胎质比宋代的要粗厚但仍很坚致，白中闪灰，施釉厚，釉面不如南宋时润泽，但很光亮，有很强的玻璃质感，呈黄绿色或葱绿色。

元龙泉窑瓷器主要装饰方法是划、印、贴、堆塑、镂空、点彩等。贴花分有釉、无釉两种，多在碗、盘、洗的内心贴双鱼、小兔、荔枝、飞龙等，无釉的是元代新创品种。

元龙泉的瓷器常见纹饰有折枝花、荔枝、莲花、月影梅、秋葵、灵芝、牵牛花、松竹梅等；这时期新添纹饰有四如意、八吉祥、八仙、银锭、杂宝、山水等，还大量出现文字，因釉厚，纹饰不很清晰。

元龙泉器型有盘、碗、罐、炉、执壶、洗、瓶、尊、高足杯、高足碗及人物塑像等。

如龙泉窑青釉划花执壶，口径8.7厘米，足径11.5厘米，高32.7厘米。壶盘口，细颈，圆腹下垂，细长流，流与壶颈之间连一曲形扳，曲柄，圈足。

白釉也称卵白釉，是元代景德镇窑在生产青白釉瓷基础上新创烧的一种高温釉，这类瓷器胎子极细白，坚致，胎体较厚，釉中所含微量的铁是导致釉色白中闪青颇似鹅蛋色泽的主要原因。

红釉瓷为元代景德镇创新品种，是以铜红为着色剂、经高温在还原气氛中烧成的。由于铜红的烧成技术比钴蓝还要难以掌握，因此成品极少，只有在元大都遗址有少量发现，出土的只有盘、碗、印盒等小件器物。

此外，元代其他地方瓷器还有吉州窑和玉溪窑等。

吉州窑白地黑花装饰技法缘于北方磁州窑，但又具有吉州窑自身的特色。其白地泛黄，黑花发褐，底色与纹饰色彩的对比没有磁州窑的白地黑花瓷那样强烈。

■ 元代青花梅瓶

阅读链接

《萧何月下追韩信》青花梅瓶的经历非常复杂。1950年，沐英墓被盗，这件青花梅瓶就是被盗文物之一，并很快被卖了。据当年资深文物专家王引先生介绍，当时，有人在新街口附近，抱着个大瓷瓶子兜售。

刚巧，这一幕让当时开古玩店的收藏家、新中国成立后在南京文物公司工作的陈新民看到了。陈新民一见，便认出这是一只梅瓶，知道这东西不简单，当时他就判断这是元代的瓷器，便问那人从哪里得来的，要多少钱。

那人看到陈新民识货，便开始讲价。宝物求之不得，稍纵即逝。陈新民最后花重金买了下来。后经文物专家鉴定，这只梅瓶是一级国宝，定名为"梅瓶"。后收藏于南京市博物馆。

景德镇一统天下的明代瓷器

明代青花瓷瓶

　　我国瓷器的发展，由宋代的大江南北成百上千窑口百花争艳的态势经由元代过渡之后，到明代几乎变成了由景德镇各瓷窑一统天下的局面。

　　景德镇瓷器产品占据了全国的主要市场，因此，真正代表明代瓷业时代特征的是景德镇瓷器。

　　景德镇的瓷器以青花为主，其他各类产品如釉下彩、釉上彩、斗彩、单色釉等也都十分出色。

　　明洪武时期，景德镇青花色泽偏于黑、暗，纹饰上改变了元代层次较多，花纹繁满的风格，趋向清淡、多留空白地。常见器型有玉壶春瓶、盏托、碗、盘口环耳瓶、折沿大盘、大罐、石榴尊等。

明永乐时期，鲜红釉、甜白釉和青花瓷器独树一帜，占有特殊地位，成为明清两代的典型。永乐瓷器的造型清秀、圆润、灵巧，胎土淘炼精细，胎体轻重适度，尤其以白砂底之细腻而著称。釉面肥厚，莹润平净，无橘皮纹。白釉器的口、底、边角与釉薄处多闪白色或黄色，釉汁厚聚处闪浅淡和虾青色。

永乐时青花器造型工整精致，色调凝重古雅，绚丽鲜艳，体态优美俊秀，用进口"苏泥勃青料"，烧造时有自然的晕散，形成浓重凝聚的结晶斑点，呈凸凹不平状。

宣德青花釉面特点为橘皮纹，青花器釉面呈亮青，前期与后期釉面稍白，中期为青白色，釉面均很细润。青花自然晕散，形成浓重的凝聚结晶斑，深入胎骨。宣德青花可谓青花之冠。

宣德瓷器纹饰一改永乐时的纤细风格，显得粗犷豪放，笔法苍劲。尤以龙纹狰狞凶猛之状，可为明、

■ 明代釉里红执壶

蕉叶纹 古代瓷器、青铜器常见纹饰，以芭蕉叶组成带状纹饰，特指以蕉叶图样作二方连续展开形成的装饰性图案。芭蕉直立高大，体态粗犷潇洒，但蕉叶却碧翠似绢，玲珑入画，兼有北人之粗豪和南人之精细，芭蕉冬死又复生，一岁一枯荣，有的民族把它看成起死回生的象征。

■ "大明成化年制"
款青花瓷碗

华美的瓷器

白釉 白釉是瓷器的本色釉。一般瓷土和釉料，都或多或少含有一些氧化铁，器物烧出后必然呈现出深浅不同的青色来。古代白瓷的制作，是选择含铁量较少的瓷土和釉料加工精制，使含铁量降到最少的程度。这样施以纯净的透明釉，就能烧制出白度很高的白瓷。白釉出现于北朝。

清两代之最。

宣德瓷器署有年款的，较永乐时显著增多。一般为6字楷书款，亦有4字的，书写部位不定，全身均可书写，亦采用篆书，曾有宣德款识"满器身"的说法。彩瓷楷书写"德"字无"心"上一横，篆书写"德"字，"心"上都有一横。

青花暗花双凤穿花纹盘为宣德青花御瓷的卓越代表，其选料、制样、画器、题款无一不精，为宣德一朝新出样式，造型端庄美观，线条转折流畅生动，釉汁凝润泛青，胎骨坚致细薄。

成化时期的瓷器造型庄重圆润，玲珑俊秀，小件居多，俗称"成化无大器"，但也不是绝对的。此时胎质纯洁细润，胎体轻薄，迎光透视呈牙白色或肉红色，如脂似乳，莹润光洁，釉质肥厚，光洁晶亮，胎精釉亦精，高穆深雅，同臻其妙。

成化青花瓷器，以淡雅、沉静的色调行于天下。但往往因釉质肥厚，青花色淡，而有云遮雾障若隐若现的感觉。尤以底足的青花款色调，表现得最为突出。青花色调浓重者，相近于宣德晚期，并和多数浅淡色调，同时并存。

成化青花以淡雅著称，用"平等青料"取代"苏泥勃青料"呈色稳定，发色蓝中闪灰青，成化青花与弘治青花相类似，故有"成弘不分"的说法。

弘治时期瓷器胎质与成化时相同，修胎规整纤巧，釉面肥腴滋润，洁白光亮。纹饰线条纤细、舒展，比成化时更为柔和透逸。

弘治时官窑盘碗之类和成化时基本一样，亦有"器足双边线"的特征。器足底釉面色调，由初期的白色逐渐转变为灰色，后期则为"亮青釉"。

弘治官窑瓷器款识大体同于成化，仍以青花楷书6字双行"大明弘治年制"为主，写于器底。有少量篆书4字双行写款"弘治年制"，多位于器里心。还有少量红彩楷书双行"弘治年制"款及刻款。弘治民窑器的款也较多，但较简单。

弘治青花茅山道士图三足香炉，表现了弘治时瓷绘的娴熟技巧，高12.2厘米，口径19.9厘米，足径12.4厘米。炉呈筒式，圆口，直腹，平底，下承以三小足。通体青花装饰，口、足上分别绘回纹与变形蕉叶纹。腹部主题图案为茅山道士图。外底施白釉。

正德瓷器图案纹饰中，多有表现伊斯兰教、道教色彩的装饰。青花器的绘画，除沿用一笔勾勒点画外，兼用双线勾勒、填色平涂法。民窑器物，

篆书　我国古代的一种文字，是大篆、小篆的统称。大篆指甲骨文、金文、籀文等，它们保存着古代象形文字的明显特点。小篆也称"秦篆"，是秦统一后的通用文字，大篆的简化字体，其特点是形体匀逼齐整，字体较籀文容易书写，是大篆到隶、楷之间的过渡。

■ 明永乐青花枇杷绶带鸟纹盘

■ 明代青花盖罐

华美的瓷器

蓝釉 瓷器的釉色名。蓝釉最早见于唐三彩中。唐代的蓝釉，只有绮丽之感，缺乏沉着色调。高温蓝釉出现于元代。明以后，特别是在宣德时，蓝釉器物多而质美，被推为宣德瓷器的上品。至清康熙时，更出现洒蓝釉、天蓝等多种新品种。

大多粗率豪放。

正德官窑年号款以青花楷书6字双行"大明正德年制"和4字双行"正德年制"为主，其中以后者居多。款字的清花色泽有浓有淡，色淡者显得灰暗。

另有红彩书写的楷书双行"正德年制"款，色泽深者黑红，浅者十分艳丽。此时的花盆、炉、洗等彩瓷，多为楷书4字一行刻款位于器口沿下，也有刻于器底的。

这一时期的人物绘画犹有宣德、成化朝之遗风，笔意浑厚和纤细工丽兼而有之。正德官窑青花器处于明中后期的转变阶段，从此碗的造型及纹饰可见其中的转承。

明初的瓷器常以梵文、阿拉伯文做装饰。由于正德皇帝重视伊斯兰教，所以当时阿拉伯文更为流行，出现在各类器物上，文字一般多含吉祥祈福之意。

有时内容已不重要，相当一部分文字已无法释出原意，而只是作为装饰纹样。这种瓷器上的阿拉伯文装饰是研究明代中叶伊斯兰文化与汉文化相互交融、影响的实物资料。

嘉靖时期，瓷器的胎质不及前朝，器型多种多样，有方形、棱形的造型。琢器胎体厚重，接痕显露。圆器多有随底心下凹和塌陷。一般器物釉面粗糙不平，官窑及民窑小件器物则细润肥厚，往往见釉下的青花轮廓线有模糊不清及晕散的现象。

嘉靖青花用回青料，有时加入石青，其色调呈特殊的紫蓝、青金蓝色，同时也有发浅淡黑灰色。青花及白釉器物，常于口部涂刷酱黄釉，形成黄口之特征。纹饰线条虽纤细清丽，画风多写意却显得粗率，画面多见道教色彩及吉祥祈福内容。器底施釉，多为亮青釉。

嘉靖官窑年号款全为楷体，有4字双行和6字双行，以6字双行"大明嘉靖年制"为主。也有6字一横行、6字环行、4字钱文十字排列的。款识位置主要位于器底，也有写于器口沿下的，还有写于器物肩部。除写款外，也有刻款。

明代晚期大量生产一种既有东方民族传统风格、又充满着浓郁异国情趣的青花瓷盘，这种瓷盘的内壁6~8个开光，开光内绘各种不同的锦纹和结带、璎珞纹饰。盘心处绘云龙、博古、双鹿或其他题材。

这种器物在江西各地都有发现，这种被欧洲人称为"嘉橹"，日本人称为"芙蓉手"的瓷器，是当时外销瓷中的重要品种之一，为我国瓷器装饰增添了新的内容

黄釉 瓷器的釉色名。最早出现于唐代，当时安徽淮南寿州窑、河南密县窑等都烧黄釉。但正色黄釉，还是汝窑的高温黄釉，即茶叶末釉。明代黄釉有新的发展，洪武时老僧衣即是茶叶末的衍化；宣德年间的浇黄，成为明代黄釉的代表；清康熙时有淡黄、后又有金酱。

■ 明代青花山水纹盘

与形式。

青花主要有4种不同的色调，其中晕散和黑灰的与那种纤细轻淡的色调相差比较悬殊。崇祯时期，青花色调的晕散和走釉现象比天启时更甚。这样常使纹饰模糊不清，也有较鲜亮明快或类似天启时淡描色泽。

明末清初时期，文学艺术繁荣，不仅为瓷器纹样提供丰富的创作题材，而且还深刻影响着瓷器装饰画面的艺术表现手法。

民窑瓷器上的许多人物画中除了常见的婴戏图、八仙祝寿外，表现戏曲故事也特别盛行，《三国演义》《西厢记》《水浒传》等作品中的内容比比皆是，这与明代万历以来带有版画的戏曲剧本的大量流行有关。

如崇祯青花人物纹缸，高14.5厘米，口径19厘米，足径9.5厘米。缸直口，平沿，深腹，腹下渐收敛，平底，底心略凹。内施白釉。外壁绘青花人物纹。山石掩映的军帐前旌旗招展，大将吕布头戴束发金冠，身穿百花袍，身后有一侍者，周围站立几名武士，手持兵器。

吕布对面李肃手捧珍宝，献给吕布，其身后的几名随从也各持宝物。周围绘有旗帜、军帐、城池、山水、草木等。外底素胎无釉无款识。

此缸描绘的故事出自《三国演义》中的《馈宝说吕布》一节，李肃受董卓之命，带着赤兔宝马、黄金、珠宝、玉带等宝物来到洛阳城下的吕布军帐中，说服吕布投降。匠师巧妙地将此故事情节移植到器物的装饰画中，人物形象生动，青花色泽浓艳，为崇祯朝青花瓷器中

明嘉靖青花三羊纹碗

华美的瓷器

的上乘之作。

明代瓷器的造型除继承前朝的之外，也有因时代需要变化而新产生的，如永乐、宣德时期的压手杯、双耳扁瓶、天球瓶等。

成化时期则以"天"字盖碗等为典型器物；正德、嘉庆、万历各朝的大龙缸、方斗碗、方形多角罐、葫芦瓶等也都颇具代表性。另外，也有各式文房用具如笔管、瓷砚、水注、镇纸、棋子、棋盘、棋罐等瓷器传世。

■ 明代青花如意耳扁壶

阅读链接

在青花瓷发展的基础上，明代的彩瓷发展也有一个新的飞跃。明代永乐、宣德之后，彩瓷盛行，除了彩料和彩绘技术方面的原因之外，更主要的应归功于白瓷质量的提高。

明代釉上彩常见的颜色有红、黄、绿、蓝、黑、紫等，最具代表性的为成化斗彩，斗彩是釉下青花和釉上彩色相结合的一种彩瓷工艺。

例如成化斗彩器的釉上彩，彩色品种多且能据画面内容需要自如配色，其鸡冠的红色几乎与真鸡冠一致，葡萄紫色则几乎是紫葡萄的再现。所以，彩瓷器一般都十分精巧名贵，如举世闻名的成化斗彩鸡缸杯等。

集历代之大成的清代瓷器

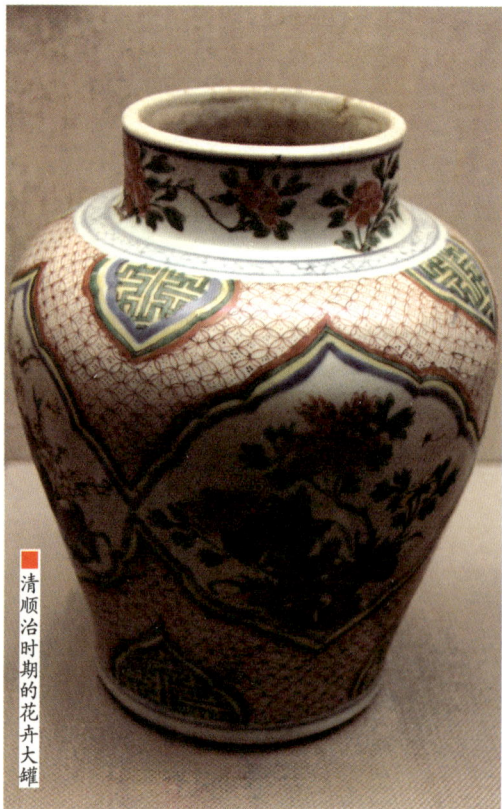

清顺治时期的花卉大罐

清代是我国制瓷史上的集大成时期，其制瓷水平达到了前所未有的高峰。数千年的经验，加上景德镇的天然原料，督陶官的管理，清朝初年的康熙、雍正、乾隆三代，因政治安定，经济繁荣，皇帝重视，瓷器的成就也非常卓越，皇帝的爱好与提倡，使得清初的瓷器制作技术高超，装饰精细华美，成就不凡。

1644年，清世祖顺治帝入关，他是清入主中原后第一位皇帝，在位17年。他在位的这

段时期，正是清朝建国初期百废
待兴的时期。

1651年，清室开始沿袭明代
宫廷旧制，下令烧造黄龙碗等
器。北京雍和宫藏有1651年江西
监祭奉敕敬造款的官窑青花云龙
纹香炉。

由此推断，顺治官窑瓷器制
作年代大部分应晚于1651年，属
顺治晚期的作品，且产量很少。

顺治官窑瓷器品种有青花、
五彩、茄皮紫釉、黄釉、蓝釉、酱釉、白釉等。而民
窑瓷器烧造有青花、五彩瓷等，其中品种和数量较多
的是青花瓷。

■ 清顺治时期青花
凤凰麒麟图罐

顺治一朝时间较短，且处于明末清初政权更迭的
转变时期，故这一时期的无款瓷器常被笼统地称为
"明末清初"瓷。

顺治时期瓷器造型也充分体现出这一过渡时期的
风貌，有些沿袭了明末天启、崇祯时期瓷器的遗风，但
也出现了一些新型品种，如筒花觚、洗口兽耳瓶等。
民窑瓷器多造型古朴稚拙，胎体厚重，器足宽厚，多
为砂底。釉质青白，多白中闪青，如鸭蛋壳色。

顺治民窑瓷器多不署年款，但有的署干支纪年
款。顺治时期民窑瓷器器型有筒瓶、橄榄瓶、蒜头
瓶、洗口兽耳瓶、筒花觚、观音尊、将军罐、莲子
罐、香炉、筒式香炉、笔筒、净水碗、碗、盘、碟、

雍和宫 原为明
代内官监官房。
1693年成为康熙
皇四子胤禛的府
邸，胤禛即雍正
帝。当时雍正驾
崩后，乾隆将雍
和宫改建为藏传
喇嘛寺。后来成
为北京市内最大
的藏传佛教寺
院，该寺院主要
由3座精致的牌坊
和五进宏伟的大
殿组成。

筒瓶，也称为"象腿瓶"，口微撇，短颈，溜肩，腹为长筒形。顺治时期，将筒瓶寓意为"大清天下一统"，一直延续到康熙时期，成为当时最为流行的器物之一。

如顺治青花云龙纹橄榄瓶，通高54厘米，酱釉口，腹部绘火珠云龙纹，有"大清顺治庚子年"干支纪年款。

清朝前期，景德镇瓷器代表了国内乃至世界制瓷的最高水平。随着国内外及宫廷对景德镇瓷器的需求量的激增，使康、雍、乾三代的景德镇瓷业进入了制瓷历史高峰期。

康熙时期，逐步将景德镇的御窑厂恢复完善，其产品质量更加好转，这一时期在整个清代瓷器发展过程中占有重要的地位。

康熙十七年，也就是1678年，派内务府官员至景德镇，驻厂督造，并开创了以督窑官姓氏称呼官窑的先例，比如具有代表当时制瓷水平的"臧窑""郎窑"等。

康熙瓷器品种繁多，千姿百态，造型普遍古拙，胎体比较厚重，较大型作品采用分段成型整体组合的技法，修胎工艺精细，交接处不留痕迹。

内务府 清代独有的机构，职官多达3000人，可以说是清朝规模最大的机关。内务府主要职能是管理皇家事务，诸如皇家日膳、服饰、库贮、礼仪、工程、农庄、畜牧、警卫扈从、山泽采捕等，还把持盐政、分收榷关、收受贡品。

■ 康熙时期青花牡丹纹带盖筒瓶

如康熙青花龙纹瓶，高23.5厘米，口径4厘米，足径6.1厘米。瓶口微撇，短颈，圆肩，肩以下渐收，圈足。瓶身绘立龙两条，张牙舞爪，龙身卷曲，威武凶猛。足内有青花楷书"大清康熙年制"6字款。此瓶造型挺拔，为康熙官窑青花瓷器中的佳作。

康熙五彩釉瓷的主要颜色有红、黄、紫、绿、蓝、黑等，很少用青花，描绘精致；另一特征是在康熙后期的作品中，人物面部只用轮廓勾出而不填彩。

珐琅彩、粉彩是这一时期的重大发明。珐琅彩是国外传入的一种装饰技法，初期珐琅彩是在胎体未上釉处先作地色，后画花卉，有花无鸟是一特征。

粉彩是在康熙五彩的基础上受珐琅彩的影响而产生的新品种，描绘人物服装或植物花朵时，先用含砷的"玻璃白"打底，再在上面用芸香油调和的彩料渲染。其效果较淡雅柔丽，视觉上比五彩软，所以也称"软彩"。

康熙后期的瓷画风格多受当时著名画家"四王"的影响，装饰内容多为山水松石、古装人物、神仙罗汉、仕女美妇等。

雍正时期是清代盛世之一，其瓷器生产达到了历

■ 清代五彩釉高士筒瓶

巡抚 又称抚台，官名，我国明清时地方军政大员之一。巡视各地的军政、民政大臣。清代巡抚主管一省军政、民政。以"巡行天下，抚军安民"而名。巡抚，兼都察院右副都御史衔，从二品，加兵部侍郎衔，正二品。

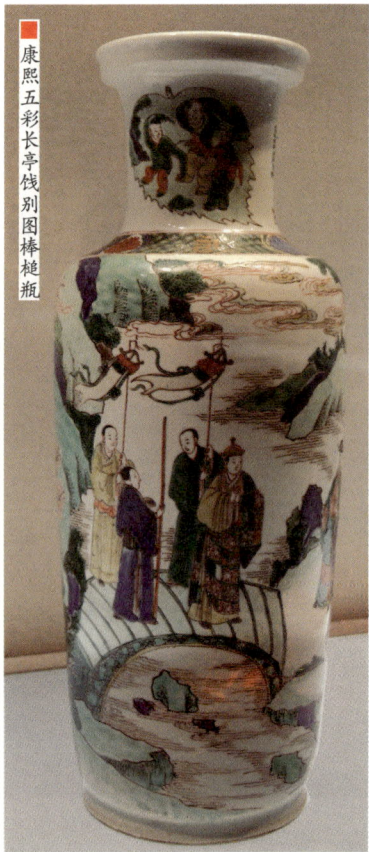
康熙五彩长亭饯别图棒槌瓶

史最高水平，制作之精冠绝于各代。总体风格轻巧俊秀，精雅圆莹。

这一时期的粉彩最为突出，大为盛行，从而取代了康熙五彩的地位，成为釉上彩的主流。雍正粉彩不仅白地彩绘，还有各种色地彩绘，如珊瑚红、淡绿、酱地以及墨地等。

雍正朝官窑瓷器以造型端庄、做工精细著称。如雍正青花八宝勾云纹高足盅，高8厘米，口径9厘米，足径3.8厘米，盅撇口，弧腹，外撇高足。盅里光素，外绘青花纹饰，分别为云托八宝、缠枝花。足内边沿署"大清雍正年制"6字楷书款。

此瓶造型秀丽，构图疏密得当，工艺精巧。青花画风仿明永乐、宣德风格，以点染的重笔模仿铁结晶斑点，于清秀中显露出古朴刚劲之风。图案中的祥云，在传统文化中均属于吉祥图案，寓意福寿吉祥，为雍正官窑青花瓷器的杰出之作。

乾隆时期是清代社会发展的顶峰时期，御窑厂内聚集了大量管理人才和能工巧匠，使乾隆朝的烧瓷水平又有所进步。这一时期的产品从技术上讲虽精工细作，不惜工本，但从艺术格调上讲却显烦琐华缛，堆砌罗列，成为清代制瓷业的一个转折点。

乾隆瓷器一面保留古代的精华，一面吸收西方艺术。外观造型大部分比较规整，除常见器型外，出现了一些怪诞物件，主要用于赏玩，被称作"浑厚不及康熙、秀美不如雍正"。

清宫御用瓷器乾隆粉彩三秋图笔筒，高15厘米，口径19厘米，底径18.7厘米。底书"大清乾隆年制"6字3行篆书款。

笔筒为六方形，口沿描金，外壁6个面上分别绘有粉彩石榴、山茶、菊花并题写行书《咏石榴》、隶书《咏山茶》、篆书《咏菊花》诗三首，均为皇帝亲笔御书。石榴、山茶、菊花均是秋季花实，合称"三秋"图。

珐琅彩瓷在乾隆年间极为盛行，属宫廷垄断的工艺珍品。所需白瓷胎由景德镇御窑厂特制，解运至京后，在清宫造办处彩绘、彩烧。所需图式由造办处如意馆拟稿，经皇帝钦定，由宫廷画家依样画到瓷器上。

嘉庆时期，国家太平，各行承袭旧制，景德镇御窑厂已无督陶官，改由地方官员兼管，嘉庆后期开始，工艺日趋衰落，产品多显粗糙笨拙之象。除传统器型外，奇巧华丽的观赏品也逐渐减少，最重要的一点是缺乏创新。

嘉庆青花的纹饰题材丰富，受乾隆青花的影响甚为明显。绘画技巧上，随形变化，笔法纤细流畅，构图由繁缛逐渐变为疏朗，工笔多于写意。

同治瓷器以承袭前朝为主，粉彩器以彩色为地，一般以淡黄、淡蓝、淡绿或淡紫为多见。"体和殿"款瓷器是为朝廷所造的陈设品，器型尚规整但略显呆板。这一时期的装饰图案

孔雀绿 亦称"法翠"，也叫翡翠釉或吉翠釉。釉色有深浅两种；深者色葱翠，釉内有细碎片纹，而且衬有酱白釉底，釉色鲜明艳丽；前者主要在彩釉中配合使用，如茄皮紫等釉器，常加上孔雀绿。若将孔雀绿敷盖于青花上，则青花色调变黑，颇有宋代磁州窑孔雀绿黑花的效果。

瓷国气象

宋元明清瓷器

■ 清代釉里红玉壶春瓶

多采用吉祥纹样以及龙凤云鹤等，格调不高。

同治黄地蓝寿字纹盘，是同治时期御窑厂为慈禧太后祝寿所订烧的瓷器之一，此盘高5.1厘米，口径17.3厘米，足径10.4厘米。

盘敞口，浅弧壁，圈足。里饰黄釉地蓝彩篆书"寿"字纹，以盘心团"寿"字为中心，由里向外排列4周，每周字数不同，但书写疏密一致。外壁饰白釉地粉彩折枝花卉纹3组。足内施白釉书红彩"同治年制"4字楷书款。

光绪朝慈禧御用制"大雅斋"款的官窑瓷器，是这一时期比较少见的精品，画风细柔，图案精巧，往往有"永庆升平""天地一家春""永庆长春"等章，制品以豆青地黑线双勾花者最多，五彩器物也多见，所装饰内容多为牡丹、萱花、绣球之类。

清代陶瓷生产，除以景德镇的官窑为中心外，各地民窑都极为昌盛兴隆、并得到很大的成就，尤其西风渐进，陶瓷外销。

西洋原料及技术的传入，受到外来影响，使陶瓷业更为丰富而多姿多彩，也由于量产及仿制成风，画院追求工细纤巧，虽有惊人之作，但少创意而流于匠气。

阅读链接

清代著名的督陶官唐英，在景德镇督陶时所烧制的瓷器世称"唐窑"。唐窑瓷器非常精美，其制作水平和质量都达到前所未有的高度。

唐英在景德镇督陶时间长近30年，是景德镇御窑厂督陶时间最长、成绩最显著的督陶官。

他悉心钻研陶务，身体力行，不仅经验丰富，而且还对景德镇瓷业生产技艺进行科学总结，从理论上加以提高，先后编写出《陶务叙略》《陶冶图说》《陶成纪事》《瓷务事宜谕稿》等著作。